Campus neu

Gesamtkurs Latein

Ausgabe B

Wortschatztraining 3

C.C.BUCHNER

Campus neu

Gesamtkurs Latein. Ausgabe B
Herausgegeben von Clement Utz und Andrea Kammerer

Wortschatztraining 3
Herausgegeben von Michael Lobe und Christian Zitzl
Bearbeitet von Johanna Butz und Johannes Loy

BAMBERGER WORTSCHATZ

1. Auflage, 1. Druck 2020
Alle Drucke dieser Auflage sind, weil unverändert, nebeneinander benutzbar.

Dieses Werk folgt der reformierten Rechtschreibung und Zeichensetzung. Ausnahmen bilden Texte, bei denen künstlerische, philologische oder lizenzrechtliche Gründe einer Änderung entgegenstehen.

Redaktion: Andreas Grünbeck
Satz und Gestaltung: tiff.any GmbH, Berlin
Illustrationen: tiff.any GmbH, Berlin / Heimo Brandt
Umschlaggestaltung: mgo360 GmbH & Co. KG, Bamberg
Druck und Bindung: Brüder Glöckler GmbH, Wöllersdorf

www.ccbuchner.de

ISBN 978-3-661-**40233**-8

Liebe Schülerin, lieber Schüler,

der Wortschatz heißt „Wortschatz", weil es sich dabei tatsächlich um eine besondere Form des Reichtums handelt: Wer von Anfang an die lateinischen Wörter ordentlich lernt, tut sich nicht nur beim Übersetzen leicht, sondern kann sich auch eine Menge an Fremdwörtern und Begriffen aus modernen Fremdsprachen erschließen. Dieses Heft hilft dir dabei.

Der Wortschatz ist jeweils lektionsweise – bei längeren Wortschätzen in zwei Portionen aufgeteilt – geordnet und erscheint in derselben Reihenfolge wie in deinem Lateinbuch. Blau sind die Wörter gekennzeichnet, die zu den 500 häufigsten Wörtern der lateinischen Sprache gehören und deshalb besonders wichtig sind.

Zunächst kannst du mithilfe der jeweils oben auf der Seite stehenden Vokabelliste die Bedeutungen wiederholen. Danach solltest du das obere Feld mit einem Kärtchen oder einem Blatt Papier abdecken und die folgenden Übungen bearbeiten.

Die ersten Übungen einer Seite gehen von den Lernformen aus und versuchen die neu zu lernenden Vokabeln mit bereits bekannten zu vernetzen. Danach folgen Übungen, in denen die Vokabeln in flektierten Formen oder in kurzen Sätzen vorkommen. So kannst du sie von Anfang an übersetzungsnah einüben und erkennst, dass die Bedeutung stets vom Kontext abhängig ist. Zusätzlich sind Übungen enthalten, in denen du deine Vokabelkenntnisse für das Verständnis von Fremdwörtern, teils auch von fremdsprachigen Wörtern nutzen kannst.

Überprüfen kannst du deine Lösungen mit dem Lösungsheft. Wenn du darin alles markierst, was du noch nicht gekonnt hast, hast du bei der Vorbereitung für die nächste Schulaufgabe einen Anhaltspunkt, welche Vokabeln du noch einmal wiederholen solltest.

Los geht's! Werde zum erfolgreichen Schatzsucher!

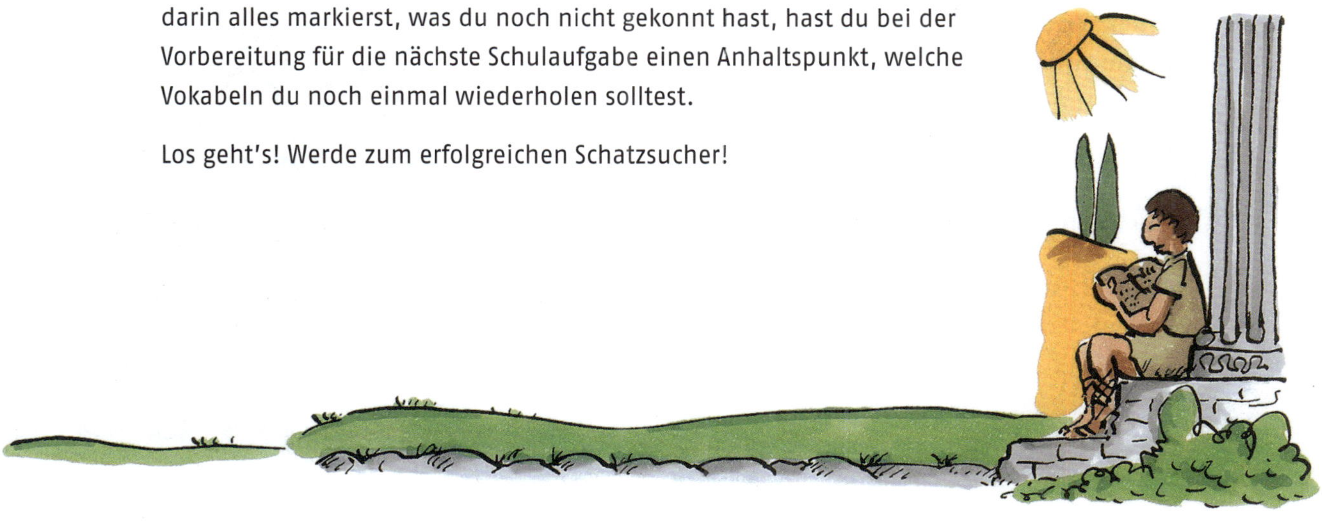

70

vēr, vēris *n*	der Frühling	**convocāre, convocō**	zusammenrufen, versammeln
saevus, a, um	schrecklich, wild, wütend	**nōscere, nōscō, nōvī, nōtum**	erkennen, kennenlernen
cōnspicere, cōnspiciō, cōnspexī, cōnspectum	erblicken	**omnīnō** *Adv.*	insgesamt, überhaupt, völlig

1 **Der kleine Unterschied.** Schau genau und gib jeweils die deutsche Bedeutung an.

a) ver ....

b) vir ....

c) vis ....

2 **Wortfamilie!** Gib ausgehend von folgenden neuen Lernwörtern die Bedeutung der bereits gelernten Wörter aus derselben Wortfamilie an.

a) convocare → vocare ....

b) con-spicere → re-spicere ....

c) omnino → omnis ....

3 **Synonyme gesucht!** Gib jeweils die deutsche Bedeutung an und ergänze ein sinngleiches neues Lernwort.

a) ferox .... ~ ....

b) aspicere .... ~ ....

4 **Wort-*Con*-test.** Übersetze.

a) Alexander amicos convocavit.
b) Nam equum saevum conspexerat.
c) Qui omnes viros in terram coniecit.
d) At Alexander iram equi omnino confecit.
e) Itaque comites virtute iuvenis commoti sunt.
f) Noverant enim Alexandrum virum fortem esse.

collocāre, collocō	aufstellen, unterbringen	**fīdūcia suī**	das Selbstvertrauen
claudere, claudō, clausī, clausum	schließen, abschließen, einschließen	**ruere, ruō, ruī**	stürzen, eilen, stürmen
fīdūcia	das Vertrauen	**exīre, exeō, exiī, exitum**	herausgehen, hinausgehen; zu Ende gehen

1

Fußballkommentar. Ergänze die jeweils passende Bedeutung der **neuen Lernwörter.**

„Die Abwehr **claudit** .... ihre Reihen. Trotzdem **ruit** .... der Stürmer mit großer **fiducia sui** .... in den Strafraum. Kann er den Ball im Tor **collocare** ....? Wie wird das Spiel bloß **exire** ....?

2

Gegensätze ziehen sich an. Verbinde zu passenden Paaren.

a) exire	**1)** fiducia
b) claudere	**2)** collocare
c) delere	**3)** aperire
d) timor	**4)** inire

3

Geht ganz leicht. Betrachte die Präpositionen und gib jeweils an, welche Bedeutung das jeweilige Kompositum von **ire** haben kann.

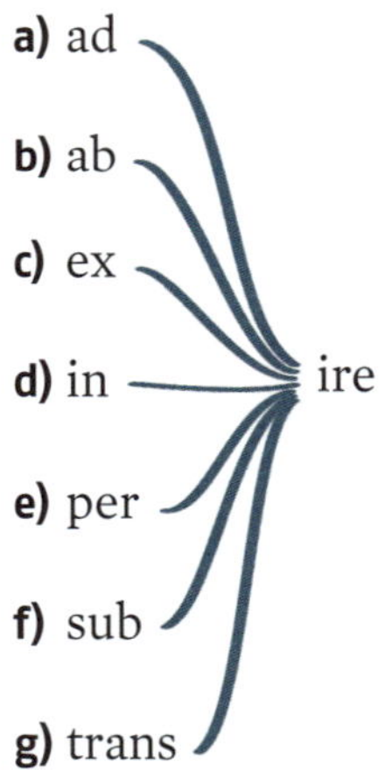

a) ad ....
b) ab ....
c) ex ....
d) in ....
e) per ....
f) sub ....
g) trans ....

4

Lateindeutsch! Erschließe mithilfe des lateinischen Ursprungsworts,

a) was eine **Klausur**tagung ist.
b) wieso eine **Ruine** nicht mehr vollständig erhalten sein kann.
c) wann ein Arzt **„Exitus"** vermerkt.

71

rēs gestae *f Pl.*	die Taten
inter *Präp. mit Akk.*	unter, während, zwischen
dēcernere, dēcernō, dēcrēvī, dēcrētum	beschließen, entscheiden
cōnscrībere, conscrībō, cōnscrīpsī, cōnscrīptum	aufschreiben, verfassen
nūmen, nūminis *n*	die Gottheit, der göttliche Wille, die Macht
libellus	das kleine Buch, das Heft

cognōscere, cognōscō, cognōvī, cognitum	erkennen, kennenlernen; Perf. kennen, wissen
tegere, tegō, tēxī, tēctum	bedecken, schützen, verbergen
maximus, a, um	der größte, sehr groß
cōgere, cōgō, coēgī, coāctum	(ver)sammeln; zwingen
praesēns, praesentis	anwesend, gegenwärtig
arbor, arboris *f*	der Baum
vērus, a, um	echt, richtig, wahr

1 **Vom Bild zum Wort.** Beschrifte lateinisch.

....

2 **Sachverstand.** Unterscheide.

a) res adversae **b)** res secundae **c)** res futurae **d)** res publicae **e)** res gestae

....

3 **Alexander und Diogenes.** Übersetze.

a) Alexander dux maximus fuit. ....

b) Tamen Diogenes eum coegit, ut de sole cederet. ....

c) Auctorem, qui hanc fabulam conscripsit, non cognovimus. ....

d) Nonnulli dicunt hanc fabulam veram non esse. ....

4 **Lateindeutsch!** Erschließe mithilfe des lateinisches Ursprungsworts,

a) was einen **Intercity**express auszeichnet.
b) wieso ein **Dekret** des Königs einem Gesetz gleichkam.
c) welche Leistungen eine Firma namens **Protego** anbieten könnte.
d) wann man von einer hohen Polizei**präsenz** spricht.

docēre, doceō, docuī, doctum	lehren, unterrichten	**nōmine**	namens, im Namen von
patre mortuō	nach dem Tod des Vaters	**Alexandrō duce**	unter der Führung Alexanders
patre vīvō	zu Lebzeiten des Vaters	**īgnōscere, īgnōscō, īgnōvī, īgnōtum**	verzeihen
vīvus, a, um	lebend, lebendig	**pōns, pontis** *m* *(Gen. Pl.* **-ium***)*	die Brücke
lēgātus	der Gesandte, der Bevollmächtigte		

1 **Witte nicht verbechseln!** Unterscheide genau.

a) pons .... ↔ fons ....

b) ignoscere .... ↔ cognoscere ....

c) docere .... ↔ dolere ....

d) vivus, a, um .... ↔ visus, a, um ....

2 **Zu den Persern und Indern!** Übersetze.

a) Patre vivo Alexander ad Aristotelem missus est.
b) Hic eum multa docuit.
c) Sed patre mortuo iuvenis nomine libertatis Persas invasit.
d) Alexandro duce milites usque ad Indos (!) pervenerunt.

3 **Lateindeutsch!** Erschließe mithilfe des lateinisches Ursprungsworts,

a) warum eine **Delegation** meistens im Namen anderer spricht.
b) wozu der **Pont du Gard** (siehe Abb.) diente.
c) was ein **Dozent** an der Universität macht.
d) wie ein Musikstück gespielt werden soll, das italienisch mit „**vivo**" gekennzeichnet ist.

Philippō rēge	unter der Regierung Philipps	**mē auctōre**	auf meine Veranlassung
barbarus, a, um	ausländisch, unzivilisiert; *Subst.* der Barbar, der Fremde	**hoste invītō**	gegen den Willen des Feindes
		nūper *Adv.*	neulich, vor kurzem
mūnus, mūneris *n*	die Aufgabe; das Geschenk	**cēnsēre, cēnseō, cēnsuī, cēnsum** *(m. Akk.)*	meinen, einschätzen; seine Stimme abgeben (für)
populō praesente	in Anwesenheit des Volkes		

1 **Sag mir quando, sag mir wann!** Unterscheide die folgenden Zeitadverbien.

a) tum ....
b) hodie ....
c) antea ....
d) nuper ....
e) postea ....
f) mox ....

2 **Verwechslungsgefahr!** Unterscheide genau.

a) munus .... ↔ murus ....
b) mors .... ↔ mora .... ↔ mos ....
c) vir .... ↔ vis (2x!) ....
d) censum .... ↔ centum ....

3 **Im Kontext.** Erschließe die jeweilige Bedeutung von munus.

a) Vir liber ab omni munere est.

b) Puer matri munera mittit.

4 **Pärchenbildung.** Bilde sinnvolle Paare und übersetze. Auf wie viele Möglichkeiten kommst du?

a) Philippo **b)** hoste **c)** populo **d)** me
1 invito **2** rege **3** auctore **4** praesente

....
....
....

subigere, subigō, subēgī, subāctum	unterwerfen, bezwingen	**iugum**	der Berg, der Bergrücken; das Joch
cella	die Kammer	**quondam** *Adv.*	einmal, einst; manchmal
currus, currūs *m*	der Wagen	**ōrāculum**	das Orakel, die Orakelstätte, der Orakelspruch
cūstodīre, cūstodīō	bewachen, im Auge behalten		

1 **Immer action:** Erschließe die jeweilige Bedeutung von agere und seinen Komposita subigere und cogere.

a) vitam agere ....

b) negotia agere ....

c) nihil agere ....

d) monstra subigere ....

e) hostes subigere ....

f) argentum cogere ....

g) milites cogere ....

2 **Nicht einschlafen!** Übersetze.

Quondam custos quidem currum custodire contendit, sed somnus eum superabat.

....

....

3 **Lateindeutsch!** Oft finden wir in unserer Sprache Wörter, die – obwohl teils deutlich verändert – ihren Ursprung im Lateinischen haben. Woher kommen folgende Lehnwörter?

Orakel

Karren / Joch

Keller

....

ēdere, ēdō, ēdidī, ēditum	herausgeben, bekannt machen, veranstalten	**observāre, observō**	beobachten
difficilis, e	schwer, schwierig	**inquam** *(3. Pers. Sg.* **inquit***)*	sag(t)e ich
cupidus, a, um *(m. Gen.)*	(be)gierig (nach)	**rumpere, rumpō, rūpī, ruptum**	zerbrechen
rēgnum	die (Königs-)Herrschaft, das Reich	**aut ... aut**	entweder ... oder

1 **Doppelt gemoppelt!** Übersetze.

a) neque ... neque ....

b) alius ... alius ....

c) aut ... aut ....

d) magis ... quam ....

e) et ... et ....

f) non solum ..., sed etiam ....

2 **Wortkundig!** Führe folgende Wortformen auf die Grundform zurück und übersetze.

a) cupidi ....

b) regno ....

c) ruperit ....

d) difficilia ....

3 **Synonym!** Setze für die unterstrichenen Wörter ein neues Lernwort mit entsprechender Bedeutung ein. Übersetze dann die Sätze.

a) Alexander cupidus <u>imperii</u> (..................................) erat.

....

b) Itaque Demosthenes ira commotus <u>dixit</u> (..................................):

....

c) „Haec vincula <u>frangere</u> (..................................) volumus.

....

d) Hostem bene <u>servare</u> (..................................) debemus!“

....

4 **Lateindeutsch!** Erschließe mithilfe der Bedeutung des lateinischen Ursprungsworts,

a) was eine Sonder**edition** eines Romans ist.
b) was die Kriminalpolizei macht, wenn sie einen Verdächtigen **observiert**.
c) wieso eine **diffizile** Angelegenheit alles andere als einfach ist.

74

aliquis, aliquid *subst.*	(irgend)jemand	**imprīmīs** *Adv.*	besonders, vor allem
mōtus, mōtūs *m*	die Bewegung	**aliquī, aliqua, aliquod** *adj.*	(irgend)ein
sīdus, sīderis *n*	der Stern, das Sternbild		
cursus, cursūs *m*	der Lauf	**opīniō, opīniōnis** *f*	die Meinung, der (gute) Ruf

1 **Was passt zusammen?** Verbinde die zusammengehörigen Worte zu Paaren.

a) sidus
b) movere
c) cursus
d) fama

1) opinio
2) currere
3) motus
4) sol

2 **Witte nicht verbechseln!** Unterscheide genau die Adverbien auf **i** und übersetze.

a) iterum ....
b) itaque ....
c) immo ....
d) imprimis ....
e) iam ....
f) ibi ....
g) igitur ....
h) intus ....

3 **Aliquiz.** Übersetze.

a) aliqui vir ....
b) alicui homini ....
c) aliquam puellam ....
d) aliqui milites ....
e) aliquibus servis ....
f) aliqua templa ....
g) aliquo duce ....
h) alicuius muneris ....
i) aliquorum magistrorum ....

4 **Lateindenglisch!** Führe die unterstrichenen englischen Begriffe jeweils auf ihr lateinisches Ursprungswort zurück und übersetze.

In my opinion, we should set the ship in motion and choose a new course!

....

....

....

....

respondēre, respondeō, respondī, respōnsum	antworten
obscūrus, a, um	dunkel, unbekannt
dīvīnus, a, um	göttlich
cōnstāre, cōnstō, cōnstitī ex *m. Abl.*	bestehen aus

cāsus, cāsūs *m*	der Fall, der Zufall
sapere, sapiō, sapīvī	Verstand haben, Geschmack haben
nec/neque	und nicht, auch nicht

1 Komposita von **stare**. Nenne die Stammformen und übersetze den Infinitiv.

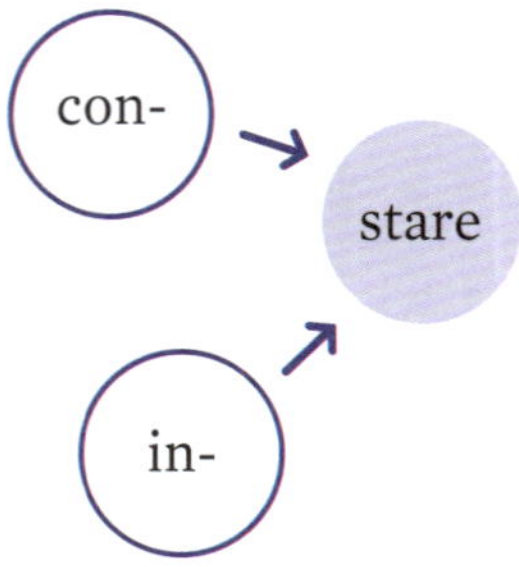

....

....

2 **Antonym!** „Bastle" Gegenteile und ordne sie zu.

a) atque ....

b) certus ....

c) mortalis ....

di-	certus
in-	que
ne-	vinus

3 **Im Kontext!** Erschließe die jeweilige Bedeutung von **obscurus**, **casus** und **sapere** aus dem Kontext.

a) Locus, in quo lux deest, **obscurus** est. ....

b) Locus, quem nemo cognovit, **obscurus** est. ....

c) **Casu** amicum conveni. ....

d) Alexander **casum** Persarum adduxit. ....

e) Scimus Socratem **sapivisse**. ....

f) Si **sapis**, haec cena tibi placet. ....

4 **Lateinitalienisch!** Erschließe mithilfe der Bedeutung des lateinischen Ursprungsworts, die Bedeutung der folgenden italienischen Wörter.

a) per caso ....

b) rispondere ....

c) oscuro ....

d) divino ....

sacrificium	das Opfer
ops, opis *f*	die Hilfe, die Kraft; *Pl.* die Macht, die Mittel, der Reichtum
fātum	das Schicksal, der Göttersprauch
cupiditās, cupiditātis *f (m. Gen.)*	das (heftige) Verlangen (nach), die Leidenschaft
hūmānus, a, um	menschlich; gebildet
vātēs, vātis *m/f*	der / die Seher(in), der / die Dichter(in), der / die Sänger(in)
brevis, breve	kurz

1 **Sachfeld vates!** Kreise die Wörter ein, die zur Person eines vates passen. Welchem Sachfeld lassen sich die übrigen Wörter zuordnen?

fatum – miles – sacerdos – invadere – sacrificium – numen – dux – providere – ensis – cantare

2 **Im Kontext!** Ersetze die Formen von ops durch eines der drei folgenden Wörter und übersetze.

auxilium vis divitiae

a) Croesus magnas **opes** habuit. ....

b) Herculi magna **ops** erat. ....

c) Homines semper **opem** deorum petebant. ....

3 **Lebensweisheiten**. Übersetze.

a) Radix (die Wurzel) omnium malorum est cupiditas.

....

b) Errare humanum est.

....

c) Vita brevis, ars (die Kunst) longa (! *eng.*) est.

....

4 **Lateindeutsch!** Erschließe mithilfe der Bedeutung des lateinischen Ursprungsworts,

a) was für die Bewegung des **Humanismus** im Mittelpunkt stand.
b) wieso ein **Brief** eigentlich nicht zu lang sein sollte.
c) warum sich ein **opulentes** Mahl nicht jeder leisten kann.

75

āiō *(3. Pers. Sg.* **ait,** *3. Pers. Pl.* **āiunt)**	behaupte(te) ich, sag(t)e ich
versus, versūs *m*	der Vers
compōnere, compōnō, composuī, compositum	abfassen, ordnen, schlichten; vergleichen

poēta, poētae *m*	der Dichter
rēgius, a, um	königlich
testis, testis *m/f* *(Gen. Pl.* **-ium)**	der Zeuge, die Zeugin
recipere, recipiō, recēpī, receptum	zurücknehmen, aufnehmen, wiederbekommen

1 **Substantiv – Verb – Adjektiv.** Ergänze die fehlenden Wörter aus den folgenden Wortfamilien.

Substantiv	Verb	Adjektiv
a)	regere	....
b)	....	cupidus, a, um
c) factum	....	....

2 Komposita von **capere**. Achte bei der Zusammensetzung auf die korrekte Form. Übersetze anschließend den Infinitiv.

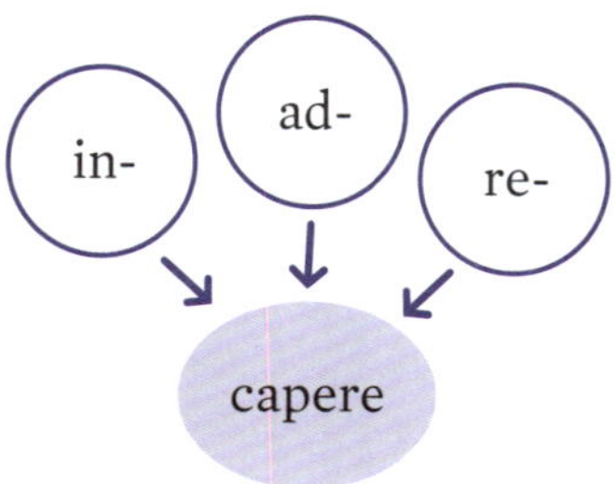

....

....

....

3 **Wer macht was?** Übersetze und ordne sinnvoll zu.

a) Poeta
b) Testis
c) Iudex
d) Vates

1) componit, quod testes dicunt.
2) versus componit.
3) ait „Mox fortuna se vertet".
4) fures accusat.

....

....

....

76

salūtem dīcere *(m. Dat.)*	(jdn.) grüßen, begrüßen	**spectāculum**	das Schauspiel
gaudium	die Freude	**initium**	der Anfang, der Eingang
epistula	der Brief	**dēmum** *Adv.*	endlich, erst
contingere, contingō, contigī, contāctum	berühren; gelingen		

1 **Familienzuwachs.** In den folgenden Wörtern des neuen Lernwortschatzes stecken dir bereits bekannte Wörter. Übersetze sie und erkläre jeweils kurz den Zusammenhang zum neuen Lernwort.

a) contingere ← tangere ....

b) spectaculum ← spectare ....

c) initium ← inire ....

2 **Ausdrucksfülle.** Nenne jeweils zwei lateinische Wörter für die folgenden deutschen Wörter.

a) Brief ↓ ↘ ....

b) endlich ↓ ↘ ....

c) berühren ↓ ↘ ....

3 **Cave Casum!** Vorsicht bei der Kasuswahl! Übersetze und ergänze den jeweils gleichbedeutenden lateinischen Satz.

a) Te saluto. ....

= .... salutem dico.

b) Caesar provinciam regit. ....

= Caesar .... praeest.

c) Mater pueros curat. ....

= Mater .... providet / consulit.

d) Dei hominibus adsunt. ....

= Dei .... iuvant.

4 **Lateindeutsch!** Erschließe mithilfe der Bedeutung des lateinischen Ursprungsworts,

a) wann ein Bayer „a **Gaudi**" hat".

b) was notwendig ist, um einen **Kontakt** herzustellen.

c) welche Buchstaben man nimmt, um seine **Initialen** einzuritzen.

prior, prius *(Gen.* **priōris)**	der erste, der frühere, der vordere	**clādēs, clādis** *f* *(Gen. Pl.* **-ium)**	die Niederlage, das Unglück, das Unheil
sōlācium	der Trost, das Trostmittel	**diūtius** *Adv.*	länger
ūnā *Adv.*	zugleich, zusammen	**cernere, cernō**	sehen, bemerken
perficere, perficiō, perfēcī, perfectum	erreichen, fertigstellen, vollenden		

1 **Witte nicht verbechseln!** Unterscheide und übersetze.

a) sol .... **c)** solacium ....

b) solum .... **d)** solutum ....

2 **Antonym gesucht.** Übersetze das jeweilige Wort und ersetze es durch ein Wort mit gegenteiliger Bedeutung aus dem neuen Lernwortschatz.

a) victoria .... ↔ ....

b) neglegere .... ↔ ....

c) inire .... ↔ ....

3 **Wortverwandt.** Folgende Wortpaare stammen jeweils aus derselben Wortfamilie. Übersetze.

a) diu .... → diutius ....

b) unus .... → una ....

c) primus .... → prior ....

d) decernere .... → cernere ....

4 **Im Kontext.** Erschließe die jeweilige Bedeutung von **clades**.

a) Si victoriam non parere potes, **cladem** bene accipere debes.
b) Si deos non colitis, **clades** magna vos opprimet!

5 **Lateindeutsch!** Erschließe mithilfe der Bedeutung des lateinischen Ursprungsworts,

a) welche Position ein **Prior** in einem Kloster einnimmt.
b) was man auf Italienisch unter „con**solazione**" versteht.
c) wonach ein **Perfektionist** strebt.

māior, māius *(Gen.* **māiōris***)*	größer	**plūrimī, ae, a**	die meisten, sehr viele
multō *Adv.*	(um) viel	**aedis, aedis** *f (Gen. Pl.* **-ium***)*	der Tempel, *Pl.* das Haus
plūs, plūris	mehr	**extrā** *Präp. m. Akk.*	außerhalb (von)
plūs *Adv.*	mehr	**minimus, a, um**	der kleinste, der geringste
longus, a, um	lang, weit		

1 **Schaubild.** Ergänze die Grafik mit den Komparativen bzw. Superlativen im Kasten so, dass das Schaubild richtig beschriftet ist.

minimus – maximus – plures – maior – minor – plurimi – quam – multo – pauci

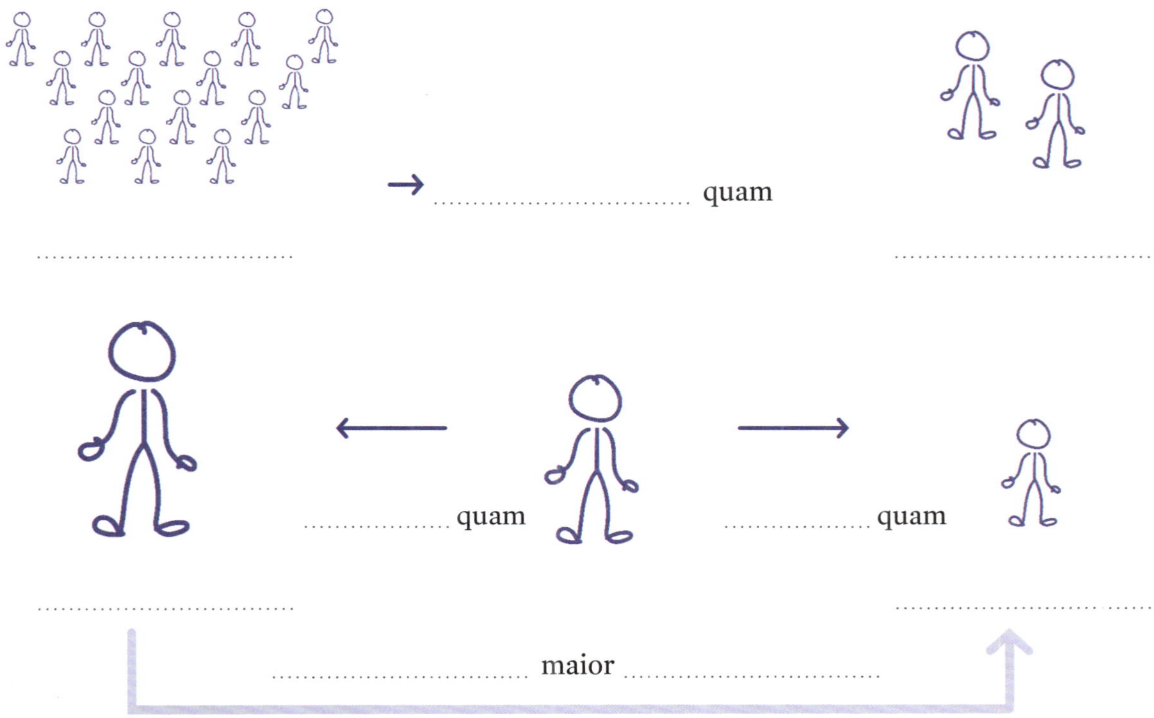

2 **Der kleine Unterschied.** Schau genau und übersetze.

a) extra aedem ....

b) intra aedes ....

c) Victor plus valet. ....

d) complures victoriae ....

3 **Lateindeutsch!** Erschließe mithilfe der Bedeutung des lateinischen Ursprungsworts,

a) woher das **Plusquamperfekt** seinen Namen hat.
b) was es bedeutet, wenn man von einer **Majorität** der Bevölkerung spricht.
c) wann von einer **„Extrawurst"** die Rede ist.
d) was man im Reitsport unter einer **Longe** versteht.

optimus, a, um	der beste, sehr gut	**melior, melius** *(Gen.* **meliōris***)*	besser
artifex, artificis *m/f*	der/die Künstler(in)	**opus, operis** *n*	die Arbeit, das Werk
minor, minus *(Gen.* **minōris***)*	kleiner, geringer	**pessimus, a, um**	der schlechteste, der schlimmste
comparāre, comparō	vergleichen	**pēior, pēius** *(Gen.* **pēiōris***)*	schlechter, schlimmer
aurum	das Gold		

1 **Positiv – Komparativ – Superlativ.** Ergänze die fehlenden Formen.

a) .... minor ....

b) .... pessimus

c) bonus ....

2 **Leicht zu verwechseln!** Unterscheide genau.

a) opus .... ↔ ops ....

b) comparare .... ↔ comperire ....

c) minor .... ↔ mirus ....

d) aurum .... ↔ auris ....

3 **Alles relativ.** Übersetze.

a) Caesar milites suos comparat:

....

b) Alius maior quam alius est.

....

c) Alii meliores aliis sunt.

....

d) Plurimi fortes sunt.

....

e) Sed pessimi pugnare nolunt.

....

4 **Lateindeutsch!** Erschließe mithilfe der Bedeutung des lateinischen Ursprungsworts,

a) was es bedeutet, wenn man von der **Minorität** der Bevölkerung spricht.
b) wovon ein **Optimist / Pessimist** jeweils ausgeht.

ferre, ferō, tulī, lātum	bringen, tragen; ertragen	cōnferre, cōnferō, contulī, collātum	vergleichen, zusammentragen
perferre, perferō, pertulī, perlātum	(über)bringen, ertragen	afferre, afferō, attulī, allātum	bringen, herbeibringen, mitbringen; melden
īnferre, īnferō, intulī, illātum	hineintragen, zufügen	auferre, auferō, abstulī, ablātum	wegbringen, rauben
terror, ōris *m*	die Angst, der Schrecken	**offerre, offerō, obtulī, oblātum**	anbieten, entgegenbringen

1 **Synonym gesucht.** Übersetze das jeweilige Wort und ersetze es durch ein Wort mit ähnlicher Bedeutung aus dem neuen Lernwortschatz.

a) rapere .... ~ ....

b) timor .... ~ ....

c) portare .... ~ ....

d) comparare .... ~ ....

e) sustinere .... ~ ....

2 Komposita von **ferre**. Bilde jeweils die „Summe“ aus Präfix (Vorsilbe) und ferre. Übersetze danach die kurzen Sätze.

a) in + ferre = ... Mensa in villam illata est.
Terror amico illatus est.
Bellum hostibus illatum est.

b) per + ferre = ... Nuntium ad consulem pertuli.
Magnos dolores pertuli.

c) ob + ferre = ... Auxilium amico oblatum est.
Cultus deis oblatus est.

d) ab + ferre = ... Fur tabulas abstulit.

e) ad + ferre = ... Servus cibos attulit.
Nuntius imperia consulis attulit.

f) cum + ferre = ... Ornamenta feminarum collata sunt.
Italia cum Gallia collata est.

3 **Lateindeutsch!** Erschließe mithilfe der Bedeutung des lateinischen Ursprungsworts,

a) welche Aufgabe eine **Konferenz** hat.
b) was man unter einer **Offerte** versteht.
c) nach welchem Kompositum von ferre einer der sechs Kasus im Lateinischen benannt ist.

differre, differō, distulī, dīlātum (ā *m. Abl.*)	aufschieben; sich unterscheiden (von)
referre, referō, rettulī, relātum	(zurück)bringen, berichten
dēferre, dēferō, dētulī, dēlātum	hinbringen, melden, übertragen
superbia	der Stolz, die Überheblichkeit
asper, aspera, asperum	rau; streng
laus, laudis *f*	das Lob, der Ruhm
efferre, efferō, extulī, ēlātum	herausheben, hervorbringen

1 Noch mehr Komposita von ferre. Setze zusammen und übersetze.

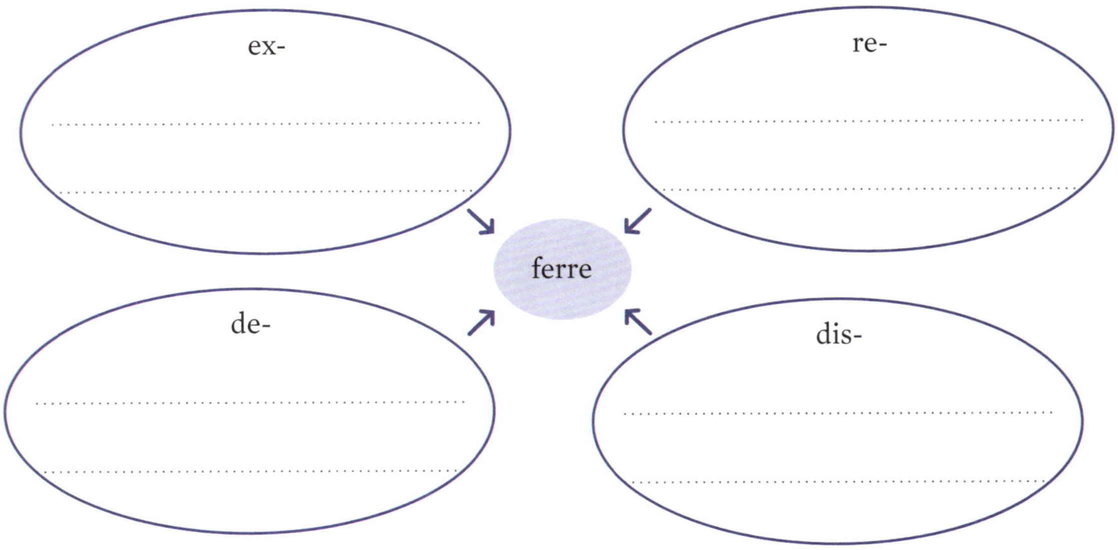

2 **Ein Stamm – zwei Möglichkeiten.** Bilde aus dem Wortstamm je zwei verschiedene Wörter. (Vorsicht! Manchmal erkennt man den Stamm erst am Genitiv.)

a) laud- ……………… ………………

b) superb- ……………… ………………

c) duc- ……………… ………………

3 Der Fußballverein Manchester City benutzte bis 2015 nebenstehendes Wappen.

a) Übersetze den Slogan „superbia in proelio".
b) Überlege, was er – auf den Sport übertragen – bedeuten soll.

4 **Lateindeutsch!** Erschließe mithilfe der Bedeutung des lateinischen Ursprungsworts,

a) was die **Differenz** zwischen zwei Zahlen angibt.
b) wieso man einen Vortrag auch als **„Referat"** bezeichnet.
c) was es bedeutet, wenn ein lateinischer Superlativ mit einem **Elativ** übersetzt wird.
d) was der Spruch „**per aspera ad astra** (Sterne)" bedeutet.

impius, a, um	gottlos, gewissenlos	**quisnam**	wer denn?
praesidium	der (Wach-)Posten, die Schutztruppe	**prohibēre, nē** *m. Konj.*	daran hindern, dass
iūstus, a, um	gerecht	**impōnere, impōnō, imposuī, impositum**	auferlegen, einsetzen

1 **Null Problemo!** In den folgenden neuen Lernwörtern stecken dir bereits bekannte Wörter. Übersetze diese.

a) im-**pius** ....

b) **quis-nam** ....

c) im-**ponere** ....

2 **Im Kontext.** Ne ≠ ne. Übersetze.

a) Furem prohibeo, **ne** argentum auferat. ....

b) Nam periculum est, **ne** fugiat. ....

c) Amicum rogo, **ne** me deserat. ....

d) Timeo enim, **ne** fur abeat. ....

e) Ad furem: „Te retineo, **ne** effugias!" ....

3 **Da steckt Latein drin!** Ergänze hinter den markierten Wörtern jeweils das lateinische Ursprungswort und gib seine Bedeutung an.

Eine Gruppe junger Männer machte Urlaub in England. Obwohl vor einem Supermarkt ein Schild *„parking* ***prohibited"*** (.......... ....) angebracht war, stellten sie ihr Auto dort ab, um schnell etwas einzukaufen. Als sie zurückkamen, sahen sie einen Polizisten, der einen Strafzettel ausstellte. „That's un**just** (..........)!" protestierte einer von ihnen. Um seinen Freunden zu **imponieren** (..........), beschwerte er sich immer heftiger. Da wurde es dem Beamten zu bunt und er nahm ihn kurzerhand aufs Polizei**präsidium** (.......... ....) mit.

peccāre, peccō	sündigen, einen Fehler machen	**sententia**	die Meinung, der Satz, der Sinn, der Antrag (im Senat)
cavēre, caveō, cāvī, cautum *m. Akk.*	sich hüten (vor), Vorsorge treffen	**patrius, a, um**	heimisch, väterlich
dūrus, a, um	hart, hartherzig	**causā** *(nachgestellt) m. Gen.*	wegen

1 **Familienzuwachs.** In den folgenden Wörtern des neuen Lernwortschatzes stecken dir bereits bekannte Wörter. Übersetze sie und erkläre jeweils kurz den Zusammenhang zum neuen Lernwort.

a) sententia ← sentire ....

b) patrius ← pater ....

c) causā ← causa, ae ....

2 **Wortkundig.** Erschließe mithilfe der neuen Lernwörter die Bedeutung folgender Wörter:

a) cautio, onis .... cautus, a, um ....

b) peccatum, i .... peccator, oris ....

c) durare .... duritia ....

d) sententiosus, a, um ....

3 **Lateindeutsch!** Erschließe mithilfe der Bedeutung des lateinischen Ursprungsworts,

a) was der Zusatz **„honoris causa" (h. c.)** eines Doktortitels bedeutet.
b) was man sich von dem Kunststoff „**Duro**plast" erwartet.
c) was es heißt, wenn man in England ein Schild mit der Aufschrift „**Caution**" sieht.

4 **Achtung, Achtung!** Erschließe, was der Text auf dem Mosaik aus Pompeji bedeutet.

....

adulēscēns, adulēscentis *m*	jung; *Subst.* der junge Mann	**iūs, iūris** *n*	das Recht
incrēdibilis, e	unglaublich	**committere, committō, commīsī, commissum**	anvertrauen; veranstalten; zustande bringen
canis, canis *m*	der Hund	**iungere, iungō, iūnxī, iūnctum**	verbinden, vereinigen
ferus, a, um	wild		

1

Vom Kind zum Greis. Beschrifte lateinisch.

a) ....

b) ....

c) ....

d) ....

2

Im Kontext. Erschließe die jeweilige Bedeutung von **committere** aus dem Kontext.

a) Fur scelus **commisit.** ....

b) Tibi munus grave **committo.** ....

c) Milites proelium **committunt.** ....

d) Hodie cenam **committimus.** ....

e) Hostes victoriam **committere** non puto. ....

3

Lateinitalienisch! Ergänze hinter den markierten Wörtern das lateinische Ursprungswort und übersetze es.

Orazio, siamo in una chiesa! Devi **giungere** (.............................. . ...) le mani in preghiera! **Incredibile** (.............................. . ...)!

4

Schildbeschreibung! Schildere kurz, womit ein Campingplatz wirbt, wenn am Eingang ein Schild mit der Beschriftung „Camping cum Cane“ angebracht ist.

dōs, dōtis *f*	die Mitgift	**cūstōdia**	das Gefängnis, die Haft, die Wache
indīgnus, a, um *(m. Abl.)*	unwürdig *(einer Sache)*		
sermō, sermōnis *m*	das Gespräch, die Sprache, das Gerede	**sōlus, a, um**	allein, einzig
pudet, puduit *m. Akk.*	es beschämt (jdn.)	**attingere, attingō, attigī, attāctum**	berühren

1 **3 für 1.** Nenne drei lateinische Synonyme für **„berühren"**.

2 **Was ist was?** Übersetze und ordne sinnvoll zu.

a) Res, quas coniunx affert, cum viro nubit.
b) Si fur captus est, in eo loco esse debet.
c) Alius aliquid alii dicit.

1) custodia
2) sermo
3) dos

3 **Singspiel.** Übersetze.

a) Puerum pudet. ....

b) Nam putat se indignum ludo esse. ....

c) Timet, ne solus cantare debeat. ....

d) Sed amicus eum attingit et ad ludum excitat. ....

4 **Lateindeutsch!** Erschließe mithilfe des lateinisches Ursprungsworts,

a) was es bedeutet, wenn ein Preis (z. B. für Literatur) hoch **dotiert** ist.
b) was ein Fußballspieler oder Musiker macht, wenn er zum **Solo** ansetzt.
c) was jemand tut, der einen endlosen **Sermon** hält.

81

dīgnitās, dīgnitātis *f*	das Ansehen, die Würde; die (gesellschaftliche) Stellung	**cēlāre, cēlō** *m. Akk.*	verheimlichen, verbergen (vor j-dm.)
nex, necis *f*	der Mord, der (gewaltsame) Tod	**animadvertere in** *m. Akk.*	vorgehen gegen
perturbāre, perturbō	in Verwirrung bringen	**dēsistere, dēsistō, dēstitī** *m. Abl.*	aufhören (mit)
ideō *Adv.*	deshalb	**palam** *Adv.*	bekannt, in aller Öffentlichkeit
perniciōsus, a, um	gefährlich, schädlich	**favēre, faveō, fāvī, fautum** *m. Dat.*	bevorzugen, begünstigen, gewogen sein
improbus, a, um	schlecht, unanständig		

1 **Wortfamilien.** Erinnere dich mithilfe der neuen Lernwörter an die folgenden damit verwandten Wörter und gib jeweils deren Bedeutung an.

a) dignus ↔ indignus → **dignitas** ....

b) turbare → **perturbare** ....

c) pernicies → **perniciosus** ....

2 **Synonyme.** Bilde Wortpaare mit ähnlicher Bedeutung.

a) malus
b) itaque
c) desinere
d) consulere in

1) desistere
2) animadvertere in
3) ideo
4) improbus

3 **Kleiner Unterschied – Große Wirkung.** Unterscheide und übersetze.

a) Uxor mortem fratris palam flet.

b) Uxor necem fratris celat.

....

....

4 **Lateindeutsch!** Erschließe mithilfe des lateinisches Ursprungsworts,

a) wie man gegenüber seinem **Favoriten** eingestellt ist.
b) was es bedeutet, wenn jemand ein Amt mit einer gewissen **Dignität** ausführt.
c) was ein Mediziner ausdrücken will, wenn er das Wort „**perniziös**" benutzt.

82

ēvenīre, ēveniō, ēvēnī, ēventum	sich ereignen	**lacessere, lacessō, lacessīvī, lacessītum**	herausfordern, reizen
fīnīre, fīniō	beenden, begrenzen	**impedīre, nē** *m. Konj.*	(ver)hindern, dass
mīlitāris, e	militärisch, Kriegs-	**fugā salūtem petere**	in der Flucht die Rettung suchen
ēgregius, a, um	ausgezeichnet, hervorragend	**appropinquāre, appropinquō**	sich nähern
extrēmus, a, um	der äußerste, der letzte	**legiō, legiōnis** *f*	die Legion
vexāre, vexō	quälen, misshandeln, schädigen	**triumphus**	der Triumph, der Triumphzug
fīnitimus, a, um	angrenzend, benachbart; *Subst.* der / die Nachbar(in), der / die Grenznachbar(in)		

1 **Witte nicht verbechseln!** Unterscheide genau.

a) lacessere .... ↔ arcessere ....

b) impedire .... ↔ impellere ....

c) legio .... ↔ regio ....

d) extremus .... ↔ egregius ....

2 **Synonym.** Setze hinter das fett gedruckte Wort jeweils ein gleichbedeutendes Wort aus dem neuen Lernwortschatz in der richtigen Form ein.

a) Hostes proelium **confecerunt** ....

b) Quondam servi **torti erant** ....

c) Calamitas magna **accidit** ....

d) Alexander dux **praeclarus** .... erat.

3 **Im Kontext!** Erschließe die jeweilige Bedeutung von **petere** aus dem Kontext.

a) Romani finitimos **petiverunt**.
b) Cum Romani appropinquarent, finitimi fuga salutem **petiverunt**.
c) Deos **petiverunt**, ut fortuna se verteret.
d) Silvas **petiverunt**, ut se servarent.

4 **Lateindeutsch!** Erschließe mithilfe der Bedeutung des lateinischen Ursprungsworts,

a) was man unter **Extremismus** versteht.
b) was man in einem **Military**-Shop kaufen kann.
c) worin ein **triumphaler** Sieg besteht.

83

utinam *m. Konj.*	hoffentlich, wenn doch
potius *Adv.*	eher, lieber
voluptās, voluptātis *f*	die Lust, das Vergnügen
optāre, optō	wünschen
levis, e	leicht, leichtsinnig, gering
facile *Adv.*	leicht
vitium	der Fehler, die schlechte Eigenschaft
modo ... modo	manchmal ... manchmal

dīligere, dīligō, dīlēxī, dīlēctum	hochachten, lieben
mōre philosophī	nach Art des Philosophen
philosophus	der Philosoph
hūmānitās, hūmānitātis *f*	die Menschlichkeit, die Menschenfreundlichkeit; die Bildung
māiōrēs, māiōrum *m Pl.*	die Vorfahren
corrumpere, corrumpō, corrūpī, corruptum	bestechen, verderben

1 **Achtung, Verwechslungsgefahr!** Unterscheide genau.

a) optare .... ↔ ornare .... ↔ orare ....

b) vinculum .... ↔ vitium .... ↔ vestigium ....

c) diligere .... ↔ deligere .... ↔ desistere ....

d) voluptas .... ↔ voluntas ....

2 **Antonym gesucht!** Ergänze zunächst jeweils die deutsche Bedeutung, dann ein neues Lernwort mit gegenteiliger Bedeutung.

a) odio esse .... ↔ ....

b) posteri .... ↔ ....

c) difficile .... ↔ ....

d) gravis .... ↔ ....

e) virtus .... ↔ ....

3 **facere & friends.** Übersetze die folgenden Wörter, die alle zur Wortfamilie **facere** gehören. Unbekanntes kannst du sicher erschließen.

a) factum .... b) facilis, e ....

c) profecto .... d) difficilis, e ....

e) difficultas, atis .... f) beneficium ....

Fortsetzung →

4 **Kreuzadverbrätsel.** Ein Lateinlehrer hat für seine Schüler ein Kreuzworträtsel mit Adverbien erstellt, die alle mit dem Buchstaben **p** beginnen. Dann gingen allerdings die deutschen Stichwörter verloren. Kannst du sie rekonstruieren?

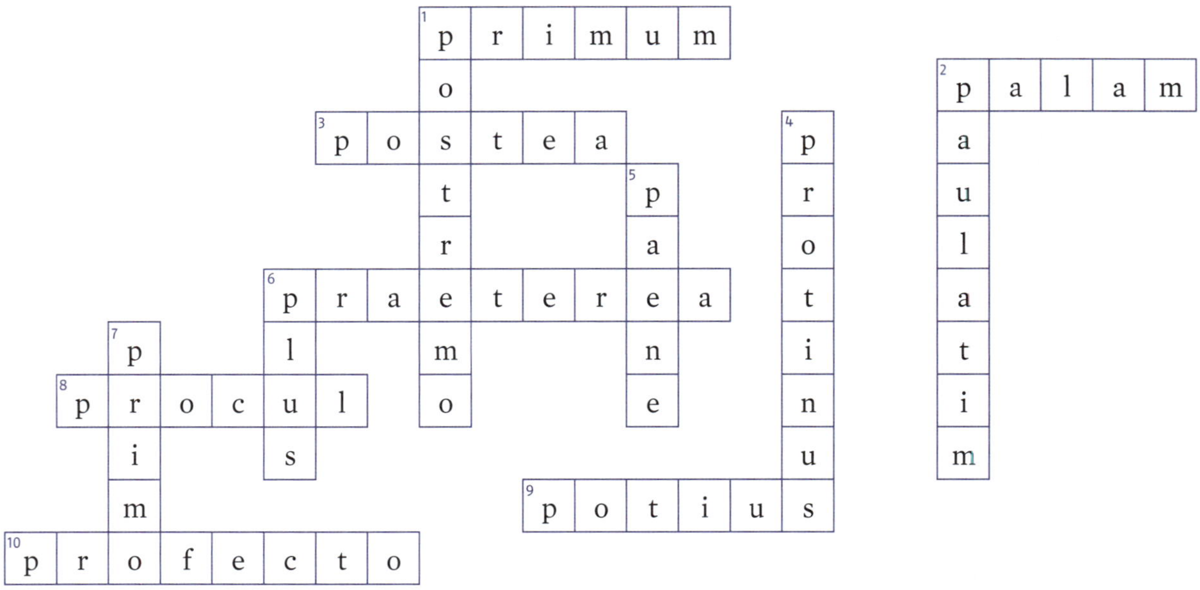

Waagrecht:

1. ....

2. ....

3. ....

6. ....

8. ....

9. ....

10. ....

Senkrecht:

1. ....

2. ....

4. ....

5. ....

6. ....

7. ....

5 **Ausdrucksstark.** Übersetze die folgenden Sätze treffend.

a) Haec res voluptatem affert.

b) Utinam homines humanitatem haberent!

c) Perire potius quam servire voluit.

d) Modo ait, modo negat.

....

....

....

6 **Lateinenglisch!** Erschließe mithilfe der Bedeutung des lateinischen Ursprungsworts,

a) was ein Beamter in Großbritannien getan hat, der als **corrupt** bezeichnet wird.

b) was ein Brite meint, wenn er humorvoll sagt: „Cigarettes are my only **vice**."

84

officium praestāre	seine Pflicht erfüllen
nōbilis, e	adelig, berühmt, vornehm
quī *Adv.*	wie
lēgātiō, lēgātiōnis *f*	die Gesandtschaft
spatium	der Raum, die Strecke, die Zeit, der Zeitraum
illīc *Adv.*	dort
memor, memoris *m. Gen.*	in Erinnerung an

afficere, afficiō, affēcī, affectum *m. Abl.*	versehen mit etw.
permittere, permittō, permīsī, permissum	erlauben, überlassen
restāre, restō, restitī	übrig bleiben; Widerstand leisten
Rōmam	nach Rom *(wohin?)*
colligere, colligō, collēgī, collēctum	sammeln

1 **Witte nicht verbechseln!** Unterscheide genau.

a) restare .... ↔ resistere .... ↔ restituere ....

b) permittere .... ↔ promittere .... ↔ procedere ....

c) quid .... ↔ quis .... ↔ qui ....

d) legatio .... ↔ oratio .... ↔ natio ....

2 **Cicero in Gedanken versunken.** Übersetze, woran er sich erinnert.

Cicero memor est ...

a) ... Siciliae provinciae.
b) ... exilii (!) acerbi.
c) ... adversariorum nobilium.
d) ... multorum officiorum.
e) ... iniuriarum insidiarumque.
f) ... consilii veteris.

3 **Wo oder wohin?** Ordne die folgenden Adverbien in die richtige Spalte ein und übersetze sie.

illic – huc – Romae – intus – undique – hic – Romam

Ortsangabe *(wo?)*		**Richtungsangabe** *(wohin? woher?)*	
....	....	....	....
....	....	....	....
....	....	....	....
....	....	....	....

4 **Komposita von facere.** Übersetze die folgenden Wendungen.

a) hostes interficere ....
b) poena afficere ....
c) iter conficere ....
d) bellum perficere ....
e) pontem efficere ....

Fortsetzung →

5 **Ausdrucksstark.** Womit kann man jemanden versehen? Übersetze die folgenden Wendungen treffend. Manchmal reicht ein einziges Wort.

aliquem ... afficere

a) vulnere ....

b) pecunia ....

c) donis ....

d) laetitia ....

e) honore ....

f) iniuria ....

g) praemiis ....

h) muneribus ....

i) dolore ....

6 **Cäsar in Ravenna.** Übersetze, was Cäsar tun will.

a) Spectaculum aspecturus sum.

b) Tum Ravennam relicturus sum.

c) Milites ad Rubiconem fluvium collecturus sum.

d) Cum militibus Romam iter facturus sum.

e) Omnia armis acturus sum.

7 **Lateinenglisch!** Erschließe mithilfe der Bedeutung des lateinischen Ursprungsworts,

a) was ein Kunsthändler in Großbritannien mit dem Begriff **collection** bezeichnet.
b) wen ein Brite als **nobleman** bezeichnet.
c) was es bedeutet, wenn in New York jemand etwas ohne **permission** tut.
d) was in London jemand tut, der einen **parking space** sucht.

85

familiāris, e	freundschaftlich, vertraut; *Subst.* der Freund
accēdere, accēdō, accessī, accessum (ad *m. Akk.*)	herbeikommen, hinzukommen
cōnservāre, cōnservō	retten, bewahren
tunc *Adv.*	damals, dann
satis *Adv.*	genug
cēterum *Adv.*	übrigens, im Übrigen

post *Adv.*	dann, später
ōtium	die freie Zeit, die Ruhe (von berufl. Tätigkeit); der Frieden
convīvium	das Gastmahl, das Gelage
quotiēns	wie oft, sooft
coniūrātiō, coniūrātiōnis *f*	die Verschwörung

1 **Wortschlange.** Zerlege die Wortschlange in die einzelnen Wörter, übersetze sie und nenne jeweils deren Genitivform.

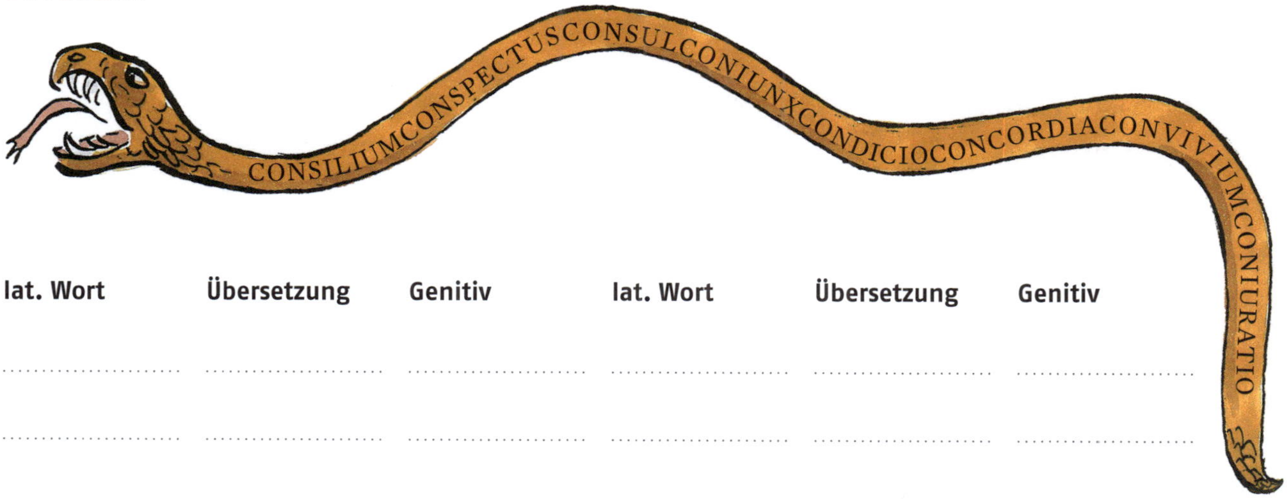

lat. Wort	Übersetzung	Genitiv	lat. Wort	Übersetzung	Genitiv
....	....	....	....	....	....
....	....	....	....	....	....
....	....	....	....	....	....
....	....	....	....	....	....

2 **Achtung, Verwechslungsgefahr!** Unterscheide genau.

a) accedere .... ↔ accidere .... ↔ accipere ....

b) constare .... ↔ conservare ....

c) facilis .... ↔ familiaris ....

d) nunc .... ↔ tunc ....

e) postquam .... ↔ post ....

f) quot .... ↔ quotiens ....

3 **cedere & friends.** Übersetze die folgenden Wendungen. Unbekanntes kannst du sicher erschließen.

a) accedere ad amicos
b) urbem incedere
c) ex urbe excedere
d) procedere contra adversarios
e) recedere ab adversariis
f) adversariis non concedere
g) decedere de vita
h) convivium parare

Fortsetzung →

4 **Gegenteil (↔) oder Synonym (~).** Ergänze zunächst die deutsche Bedeutung, dann ein neues Lernwort mit gegenteiliger oder entsprechender Bedeutung.

a) antea .... ↔ ....

b) delere .... ↔ ....

c) negotium .... ↔ ....

d) amicus .... ~ ....

e) appropinquare .... ~ ....

f) tum .... ~ ....

g) pax .... ~ ....

5 **Wortkundig.** Führe die Wortformen auf ihre Lernform zurück und übersetze diese.

a) ceterum ....

↔ certis ....

b) odii ....

↔ otii ....

c) accedit ....

↔ accidit ....

d) familiarem ....

↔ familiis ....

6 **Ausdrucksstark.** Übersetze die folgenden Wendungen treffend.

a) otium cum dignitate
b) satis temporis
c) ad urbem accedere
d) se in otium referre
e) paulo post
f) epistulae ad familiares
g) cives conservare

....

....

....

7 **Lateindeutsch!** Erschließe mithilfe der Bedeutung des lateinischen Ursprungsworts,

a) was man unter einem Treffen in **familiärer** Atmosphäre versteht.
b) was eine Hausfrau tut, die Essen **konserviert**.
c) was man sagen will, wenn man jemanden als **saturiert** bezeichnet.

sodālis, sodālis *m (Gen. Pl.* **-ium***)*	der Freund	**haud**	nicht
taberna	der Laden, das Wirtshaus	**īnfandus, a, um**	abscheulich, unsagbar
nocturnus, a, um	nächtlich	**identidem** *Adv.*	immer wieder, wiederholt
noctū *Adv.*	nachts	**impūne** *Adv.*	ungestraft, ohne Schaden
dēclārāre, dēclārō	deutlich machen, verkünden	**miscēre, misceō, miscuī, mixtum**	mischen, verwirren, durcheinanderbringen
discrīmen, discrīminis *n*	die Entscheidung, die Gefahr; der Unterschied	**furere, furō**	toben, wüten, rasen

1 **Witte nicht verbechseln!** Unterscheide genau.

a) infandus .... ↔ inanis ....

b) discrimen .... ↔ crimen ....

c) declarare .... ↔ delectare ....

d) taberna .... ↔ tabula ....

e) miscere .... ↔ mittere ....

f) identidem .... ↔ idem ....

g) impune .... ↔ imprimis ....

2 **Wortfeld „Verbrechen".**

a) Streiche die fünf Wörter, die nicht zum Wortfeld „Verbrechen" gehören.

> crudelis – diligens – fur – honestus – improbus – impune – laetus – nefarius – placidus – sapiens – sceleratus – supplicium – poena – terror

b) Finde eine Bezeichnung für das Wortfeld, zu dem die fünf in a) gestrichenen Begriffe gehören.

....

c) Ordne die restlichen neun Wörter nach Wortarten.

Adjektiv: ....

Substantiv: ....

Adverb: ....

d) Notiere die zwei Wörter aus c), die zur gleichen Wortfamilie gehören.

....

Fortsetzung →

3 **Wortkundig.** Führe die Adverbien auf die Lernform des dazugehörigen Adjektivs zurück und übersetze sie.

a) acriter ....

b) nocturne ....

c) nefarie ....

d) familiariter ....

e) frequenter ....

f) pie ....

g) praeclare ....

h) sapienter ....

4 **Ausdrucksstark.** Übersetze die folgenden Wendungen treffend.

a) convivium nocturnum
b) haud dubitare
c) noctu iniurias facere
d) haud facile
e) labores nocturni
f) haud scire
g) nocturno tempore
h) haud impune
i) horae nocturnae

....

....

....

5 **Staatsangelegenheiten.** Nenne mindestens acht lateinische Substantive, die in einer Rede Ciceros über den römischen Staat und die Gefahren, die ihm drohen, vorkommen könnten.

....

....

....

....

6 **Lateindeutsch!** Erschließe mithilfe der Bedeutung des lateinischen Ursprungsworts,

a) weshalb ein Küchengerät zum Kuchenbacken **Mixer** genannt wird.
b) was passiert, wenn jemand **diskriminiert** wird.
c) wo ein Urlauber war, der von einer griechischen **Taverne** schwärmt.
d) was man unter dem Begriff **Äquinoktium** versteht.
e) wie eine Frau sich verhält, von der man sagt, sie habe wie eine **Furie** reagiert.
f) weshalb die Mitglieder einer bestimmten katholischen Vereinigung sich als **Sodalen** bezeichnen.

istīc *Adv.*	da, dort
ars, artis *f* (*Gen. Pl.* **-ium**)	die Kunst, die Fertigkeit, die Eigenschaft
aditus, aditūs *m*	der Zugang, der Eingang
pietās, pietātis *f*	das Pflichtgefühl, die Frömmigkeit
membrum	das Glied, der (Körper-)Teil
plūrimum *Adv.*	am meisten, sehr viel
praetereā *Adv.*	außerdem
vīsere, vīsō, vīsī, vīsum	besichtigen, besuchen
prīnceps, prīncipis *m*	der Erste, der führende Mann; der Kaiser
occurrere, occurrō, occurrī	begegnen, entgegentreten
prehendere, prehendō, prehendī, prehēnsum	ergreifen, nehmen
possidēre, possideō, possēdī, possessum	besitzen
illūc *Adv.*	dahin, dorthin

1 **Achtung, Verwechslungsgefahr!** Unterscheide genau.

a) istic .... ↔ iste ....

b) illic .... ↔ illuc ....

c) praeterea .... ↔ postea ....

d) ars .... ↔ pars ....

e) visere .... ↔ videre ....

2 **Steigerungslauf.** Übersetze.

a) celeriter / celerius / celerrrime currere ....

b) pulchre / pulchrius / pulcherrime cantare ....

c) honeste / honestius / honestissime agere ....

d) misere / miserius / miserrime vivere ....

e) crudeliter / crudelius / crudelissime vexare ....

f) facile / facilius / facillime comprehendere ....

g) multum / plus / plurimum valere ....

h) saepe / saepius / saepissime visere ....

3 **Familienbande.** Übersetze die dir bereits bekannten Wörter und ergänze jeweils ein Wort aus derselben Wortfamilie aus dem neuen Lernwortschatz.

a) adire ....

b) pius ....

c) comprehendere ....

d) sedere ....

Fortsetzung →

4 **Ausdrucksstark.** Übersetze die folgenden Wendungen treffend. Die beiden unbekannten Adjektive in l) und m) kannst du sicher erschließen.

a) aditum ad templum dare
b) aditum templi claudere
c) pietas in patrem
d) membra corporis movere
e) hostibus fortiter occurrere
f) furem manibus prehendere
g) multos agros possidere
h) praedam belli visere
i) uxorem caram visere
j) illuc, unde
k) istic, ubi
l) ars oratoria
m) ars amatoria

5 **Lobeshymne auf Augustus.** Übersetze.

a) Augustus deos quam piissime colebat.
b) Itaque multa templa quam pulcherrime aedificavit.
c) Praeterea potestatem suam in manus senatus quam celerrime reddidit.

6 **Wortfeld „Römische Religion"**

a) Nenne mindestens acht lateinische Substantive, die zum Wortfeld „Religion" passen.

....

....

b) Streiche die vier Adjektive, die nicht zum Wortfeld „Römische Religion" gehören.

sacer – memor – obscurus – sanctus – indignus – pius – nefarius – ferus – impius

c) Übersetze die folgenden Verben aus dem Wortfeld „Römische Religion". Unbekanntes kannst du sicher erschließen.

colere ....
peccare ....
orare ....
sacrificare ....

7 **Lateindeutsch!** Erschließe mithilfe der Bedeutung des lateinischen Ursprungsworts,

a) weshalb eine Darstellung der heiligen Maria, die den Leichnam Jesu im Schoß hält, als **Pietà** bezeichnet wird.
b) welches Publikum ein Fernsehkanal namens **Arte** vor allem anspricht.
c) was es für einen Patienten im Krankenhaus bedeutet, wenn der Chefarzt zur **Visite** kommt.
d) was ein **Possessivpronomen** ist.
e) wen man in Großbritannien als **Member of Parliament** bezeichnet.

occupātus, a, um (in *m. Abl.)*	beschäftigt (mit)
iūcundus, a, um	angenehm, erfreulich
rārō *Adv.*	selten
dīvus, a, um	göttlich
nec ... nec	weder ... noch
sē recipere	sich zurückziehen
grātus, a, um	dankbar, willkommen, beliebt

saeculum	das Jahrhundert, das Menschenalter die Zeit, das Zeitalter
invidia	der Neid
pecus, pecoris *n*	das Vieh, das Tier
dictum	der Ausspruch, das Wort
carpere, carpō, carpsī, carptum	pflücken, genießen; nutzen

1 **Wie oft?** Übersetze.

a) saepe **b)** numquam **c)** raro **d)** identidem **e)** semper **f)** frequenter

2 **Witte nicht verbechseln!** Unterscheide genau.

a) pecus .... ↔ pectus ....

b) invidia .... ↔ insidiae ....

c) occupatus .... ↔ octavus ....

d) gratus .... ↔ latus ....

e) divum .... ↔ dictum ....

f) nec ... nec .... ↔ et ... et ....

g) carpere .... ↔ capere ....

h) saeculum .... ↔ saevum ....

3 **Gegenteil (↔) oder Synonym (~).** Ergänze zunächst die deutsche Bedeutung, dann ein neues Lernwort mit gegenteiliger oder entsprechender Bedeutung.

a) humanus .... ↔ ....

b) factum .... ↔ ....

c) tempus .... ~ ....

d) amatus .... ~ ....

e) animal .... ~ ....

f) redire .... ~ ....

g) sine negotiis .... ↔ ....

Fortsetzung →

4 **Ausdrucksstark.** Übersetze die folgenden Wortverbindungen treffend.

a) di immortales **b)** per (bei) deos iurare **c)** dicta sacerdotum **d)** per omnia saecula
e) divus Augustus **f)** diem carpere **g)** docta dicta **h)** gratus in deos

5 **ND gut, alles gut.** Übersetze die folgenden Wortverbindungen mit Gerundium treffend.

a) ars recitandi ....

b) cupiditas regendi ....

c) modus vivendi ....

d) voluntas aliquid discendi ....

e) ars libros scribendi ....

f) tempus carmina legendi ....

g) voluntas gloriam augendi ....

h) voluptas orationem audiendi ....

i) cupiditas in otium se recipiendi ....

6 **Wortfeld „Gefühlsregungen"**

a) Nenne mindestens acht lateinische Substantive, die „Gefühlsregungen" bezeichnen.

....

b) Streiche die vier Adjektive, die nicht zum Wortfeld „Gefühlsregungen" gehören.

invitus – obscurus – gratus – pius – brevis – miser – infandus –
beatus – tristis – nocturnus – laetus – infelix

c) Übersetze die folgenden Verben aus dem Wortfeld „Gefühlsregungen".

gaudere .... diligere ....

flere .... contemnere ....

7 **Redegewandt.** Übersetze das folgende Sprichwort.

Invidia gloriae comes est. ....

8 **Lateindeutsch!** Erschließe mithilfe der Bedeutung des lateinischen Ursprungsworts,

a) was es für eine Opernsängerin bedeutet, wenn sie als **Diva** bezeichnet wird.
b) was ein Student macht, der aus einem Text die wichtigsten Stellen **exzerpiert**.
c) wen man als **persona non grata** bezeichnet.

memorāre, memorō	erwähnen, sagen
suspicārī, suspicor, suspicātus sum	vermuten
arbitrārī, arbitror, arbitrātus sum	glauben, meinen
precārī, precor, precātus sum	bitten
morārī, moror, morātus sum	(sich) aufhalten
vērō *Adv.*	aber, in der Tat, wirklich
fatērī, fateor, fassus sum	bekennen, gestehen
procul *Adv.*	von fern, weit weg,
ā *m. Abl.*	fern von
tuērī, tueor	betrachten, schützen, (milit.) sichern
pollicērī, polliceor, pollicitus sum	versprechen
rērī, reor, ratus sum	meinen
verērī, vereor, veritus sum	fürchten, sich scheuen; verehren

1 **Synonyme gesucht.** Ordne den Verben im oberen Kasten Verben aus dem unteren Kasten zu, die die gleiche oder eine ähnliche Bedeutung haben. Manchmal sind es mehrere.

a) memorare	**c)** precari	**e)** suspicari	**g)** morari	**i)** reri
b) tueri	**d)** vereri	**f)** polliceri	**h)** arbitrari	

1 promittere	**4** putare	**7** rogare	**10** obsecrare	**13** timere	**16** spectare
2 credere	**5** metuere	**8** tradere	**11** orare	**14** mutare	
3 colere	**6** habitare	**9** conicere	**12** dicere	**15** petere	

2 **Wortwirrwarr.** Ordne die folgenden Wörter richtig ein. Führe sie, wo diese nicht bereits vorliegt, auf die Grundform zurück und gib die Bedeutung an.

arbitrare – arbore – arcesseris – duxisti – factus est – facile – fatere – monte – morare – moverunt – pollicere – ponet – ponte – precare – prece – prehendi – re – regemur – ratus sum – specie – suspicare – sustineo – tuere – turpe – vere – verere – vertam

Substantive	**Adjektive**	**Verben**
....	....	....
....	....	....
....	....	....
....	....	....
....	....	....
....	....	....
....	....	....
....	....	....
....	....	....

Fortsetzung →

3 **Wortfeld „Sprechen".** Streiche alle Verben, die nicht zum Wortfeld „Sprechen" gehören.

appellare – appropinquare – claudere – convocare – fateri – favere – ignoscere – interrogare – iubere – iurare – negare – obsecrare – orare – polliceri – postulare – precari – promittere – quaerere – reprehendere – rumpere – salutem dicere – statuere – vetare

4 **Das Kreuz mit den Deponentien.** Ein Lateinlehrer hat für seine Schüler ein Kreuzworträtsel mit Formen von Deponentien erstellt. Dann gingen allerdings die deutschen Stichwörter verloren. Rekonstruiere sie, indem du die im Kreuzworträtsel stehenden Verbformen übersetzt.

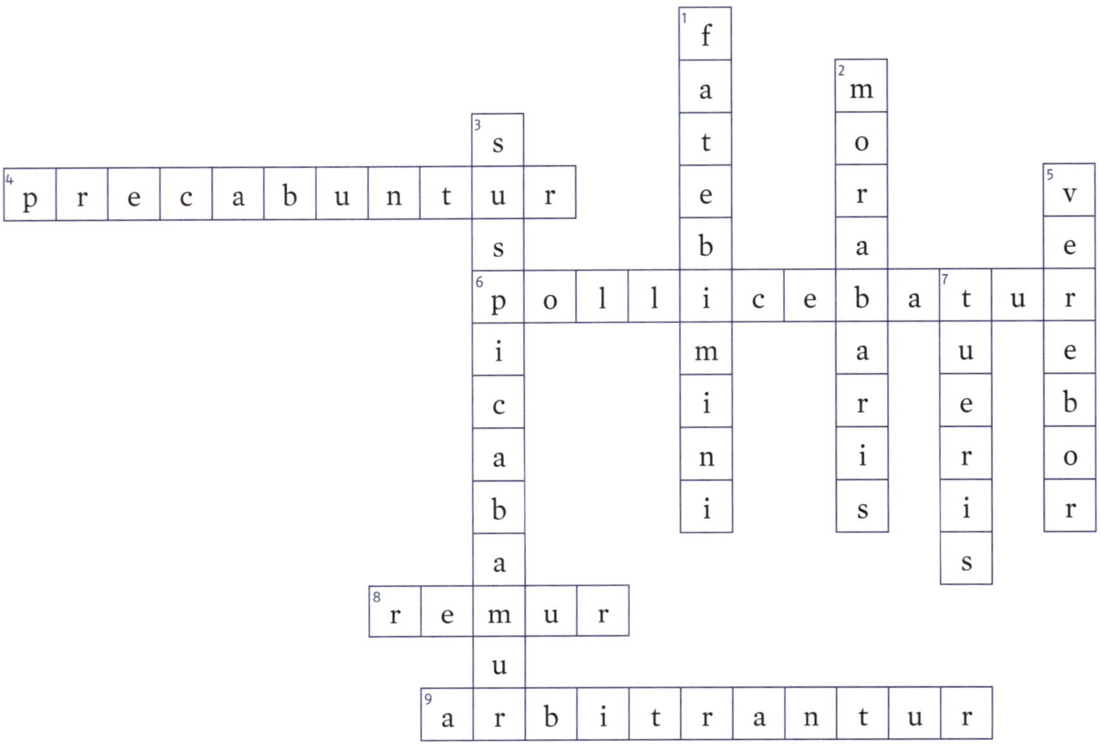

Waagrecht:

4. ....

6. ....

8. ....

9. ....

....

Senkrecht:

1. ....

2 ....

3. ....

5. ....

7. ....

5 **Lateindenglisch!** Erschließe mithilfe der Bedeutung des lateinischen Ursprungsworts,

a) was es bedeutet, wenn die britische Polizei jemanden festgenommen hat und ihn als **murder suspect** bezeichnet.

b) weshalb in Großbritannien ein Lehrer, der sich um eine kleine Schülergruppe kümmert, **tutor** genannt wird.

90

iam prīdem *Adv.*	schon lange
magnificus, a, um	großartig, prächtig
age!	Los! Auf! Nun, also
prōdesse, prōsum, prōfuī	nützen
grandis, e	alt; bedeutend, groß
Aegyptus *f*	Ägypten

id studēre, ut *m. Konj.*	danach streben, dass
venustus, a, um	schön, charmant, liebenswürdig
aes, aeris *n*	das Erz, das Geld
perennis, e	dauernd, beständig
tempestās, tempestātis *f*	der Sturm, das (schlechte) Wetter; die Zeit

1

Wortfamilie! Gib ausgehend von folgenden neuen Lernwörtern die Bedeutung der bereits gelernten Wörter aus derselben Wortfamilie an.

a) magnificus → magnus ....

b) prodesse → pro + esse ....

c) venustus → Venus ....

d) perennis → per + annus ....

e) tempestas → tempus ....

2

Synonym (~). Ergänze zunächst die deutsche Bedeutung, dann ein neues Lernwort mit entsprechender oder ähnlicher Bedeutung.

a) iam diu .... ~ ....

b) petere, ut .... ~ ....

c) pecunia .... ~ ....

d) usui esse .... ~ ....

e) praeclarus .... ~ ....

f) magnus .... ~ ....

g) pulcher .... ~ ....

h) aeternus .... ~ ....

3

Monumental. Übersetze.

a) Iam diu poetae id student, ut pyramides (!) Aegypti carminibus venustis laudent.
b) Nam pyramides (!) non solum grandes et magnificae, sed etiam perennes sunt.
c) Itaque neque tempus neque tempestates eas deleverunt.

91

quī, quae, quod *adj.*	welcher, welche, welches	**aliēnus, a, um**	fremd
Gallia	Gallien	**ūsque** *Adv.*	ohne Unterbrechung
quidnam?	was denn?	**commodum**	die Bequemlichkeit, der Vorteil
intellegere, intellegō, intellēxī, intellēctum	(be)merken, verstehen	**obtinēre, obtineō, obtinuī**	(in Besitz) haben, (besetzt) halten
quārē?	weshalb? wodurch?	**-ne ... an** *(Wahlfrage im Hauptsatz)*	... oder
orbis, orbis *m*	der Kreis(lauf); der Erdkreis, die Welt	**utrum ... an** *(Wahlfrage im Hauptsatz)*	... oder
corripere, corripiō, corripuī, correptum	ergreifen, gewaltsam an sich reißen		

1 **Fragen über Fragen.** Unterscheide genau.

a) Quis? .... ↔ Quin? .... ↔ Quid? .... ↔ Quidnam? ....

b) Quo? .... ↔ Quot? .... ↔ Qui, Quae, Quod? ....

c) Quemadmodum? .... ↔ Quare? .... ↔ Quando? ....

2 **Frage-Antwortspiel.** Stell Dir vor, Du könntest mit einem römischen Soldaten sprechen. Übersetze folgende Fragen und gib seine Antwort auf Deutsch selbst.

a) Unde venis? ....

b) Quod est nomen tuum? ....

c) Quid de Gallia cogitas? ....

d) Num Galli deos Romanos colunt? ....

e) Nonne Galli ut bestiae vivunt? ....

f) Utrum Romani an Galli omnes nationes humanitate superant? ....

g) Quae igitur commoda imperium Romanum Gallis praebet? ....

h) Bellumne an pacem mavis? ....

3 **Im Kontext.** Erschließe die jeweilige Bedeutung von **intellegere** und **contendere** aus dem Kontext.

a) Linguam alienam non **intellego**.
b) Te adesse **intellego**.
c) Romani usque contra Gallos **contendebant**.
d) Romani **contenderunt** deos velle se orbem terrarum obtinere.
e) Romani summa vi **contendebant**, ut totam Galliam corriperent.

92

mēns, mentis *f* *(Gen. Pl.* **-ium***)*	der Geist, der Sinn, der Verstand; die Meinung
prōdere, prōdō, prōdidī, prōditum	verraten; überliefern
quiēscere, quiēscō, quiēvī, quiētum	(aus)ruhen, schlafen
vīs *f* *(Akk.* **vim**, *Abl.* **vī***)*	die Gewalt, die Kraft, die Menge
vīrēs, vīrium *Pl.*	die Kräfte; die Streitkräfte
dēficere, dēficiō, dēfēcī, dēfectum *(ā m. Abl.)*	abnehmen, ermatten, abfallen (von)
proinde *Adv.*	also, daher
exstinguere, exstinguō, exstīnxī, exstīnctum	auslöschen, vernichten
quamvīs *Subj. m. Konj.*	wenn auch, obwohl
sponte meā (tuā, suā)	freiwillig, von selbst
praestāre, praestō, praestitī	*m. Akk.* gewähren leisten, zeigen; *m. Dat.* übertreffen
cīvitās, cīvitātis *f*	die Gemeinde, der Staat; das Bürgerrecht
posterī, posterōrum *m Pl.*	die Nachkommen
item *Adv.*	ebenso, gleichfalls

1 **Pro-fi.** Hilf Vitus, der zu Hause Spanisch spricht, indem du die deutschen Bedeutungen angibst.

a) prohibere .... **b)** properare ....

c) prodere .... **d)** pronuntiare ....

e) promittere .... **f)** providere ....

g) probare .... **h)** procedere ....

i) prodesse ....

2 **Redegewandt.** Unterscheide.

a) in mentem venire .... ↔ mentem mutare ....

b) posteris consulere .... ↔ superos consulere ....

c) item agere .... ↔ idem agere ....

d) civitates Galliae exstinguere .... ↔ Gallis civitatem dare ....

3 **Im Kontext.** Erschließe die jeweilige Bedeutung von **deficere**, **prodere**, **praestare** und **prohibere** aus dem Kontext.

a) Saepe spes **deficit**. Proinde vires ab imperatore **deficiunt**.
b) Nonnulli milites exercitum **prodiderunt**. **Proditum** est milites ab imperatore defecisse.
c) Sed Vitus officia sponte sua **praestat**. Aliis militibus virtute **praestat**.
d) Vitus uxorem (a) lacrimis **prohibet**. **Prohibet**, ne ea desperet.

93

quīn *im Hauptsatz* *Subj. m. Konj.*	warum nicht? *(in festen Wendungen)* dass
rūs, rūris *n*	das Feld, das Land *(im Gegensatz zur Stadt)*, das Landgut
rūrī *Adv.*	auf dem Land
ūtilis, e	nützlich
cum *Subj. m. Konj.*	als, nachdem; weil; obwohl; während (dagegen)
prope *Präp. mit Akk.*	nahe bei, in der Nähe von
locāre, locō	aufstellen, setzen; vermieten
abesse, absum, āfuī *(ā m. Abl.)*	entfernt sein, abwesend sein, fehlen
quasi *Adv.*	gleichsam

1 **Ähnlich, aber doch verschieden.** Unterscheide.

a) rus .... ↔ ius ....

b) cum .... ↔ tum ....

c) quasi .... ↔ etsi ....

d) prope .... ↔ paene ....

e) adesse .... ↔ abesse ....

f) utilis .... ↔ ut ....

2 **Schritt für Schritt.** Übersetze.

a) non dubitare, quin ....

ars militaris .... res utilis ....

Nemo dubitat, quin ars militaris res utilis sit.

....

b) non multum abest, quin ....

milites Romani ....

ruri ....

castra locare ....

Non multum aberat, quin milites Romani ruri castra locarent.

....

3 **Im Kontext.** Erschließe die jeweilige Bedeutung von **cum** aus dem Kontext.

a) **Cum** venis, gaudeo.
b) **Cum** summa vi me**cum** pugnares, vicisti.
c) **Cum** summa vi te**cum** pugnarem, tamen non vici.
d) **Cum** tu summa vi **cum** hostibus pugnares, ego fuga salutem petivi.

94

pōscere, pōscō, popōscī	fordern, verlangen	**aes aliēnum**	die Schulden
nihil ... nisī	nichts ... außer, nichts (anderes) ... als, nur	**exigere, exigō, exēgī, exāctum**	(ein)fordern, vollenden
quoniam *Subj. m. Ind.*	da ja, da nun	**mūnītiō, mūnītiōnis** *f*	der Bau, die Befestigung
magistrātus, magistrātūs *m*	das Amt, der Beamte	**inde** *Adv.*	von dort; darauf; deshalb
emere, emō, ēmī, ēmptum	kaufen	**-ne** *(im Gliedsatz)*	ob
incertus, a, um	ungewiss, unsicher	**utrum ... an** *(im Gliedsatz)*	ob ... oder
num *(im Gliedsatz)*	ob, ob nicht		

1 **Synonym (~).** Ergänze zunächst die deutsche Bedeutung, dann ein neues Lernwort mit einer ähnlichen Bedeutung.

a) postulare .... ~ ....

b) perficere .... ~ ....

c) parare .... ~ ....

d) tantum .... ~ ....

e) quod .... ~ ....

f) deinde .... ~ ....

2 **Im Kontext.** Erschließe die jeweilige Bedeutung von **exigere** aus dem Kontext.

a) Aes alienum a magistratibus **exactum est**.
b) Tum munitiones magnae **exactae sunt**.

3 **Nachgefragt.** Übersetze.

a) Romanus: „Dic mihi, quid feceris.
b) Incertum est, num peccaveris.
c) Scire volo, utrum peccaveris an non."

4 **Bedeutungswandel!**
Erschließe mithilfe des lateinisches Ursprungsworts,

a) wie sich die Bedeutung von englisch **„empty** = leer" erklärt.
b) worin die Gemeinsamkeit zwischen einer antiken munitio und der heutigen **Munition** besteht.

Bildnachweis

Alamy Stock Photo / Florilegius – S. 22; Alamy Stock Photo / Stanislav Halcin – S. 36; Alamy Stock Photo / Alan Smith – S. 20; Alamy Stock Photo / Zoonar GmbH – S. 21; Getty Images Plus / iStockphoto, Lynette Marshall – S. 17; Getty Images Plus / iStockphoto, tinnakorn – S. 28; Mauritius Images / Franz Waldhäusl – S. 7.

Lektion 70

1 **a)** der Frühling **b)** der Mann **c)** die Gewalt, die Kraft, die Menge

2 **a)** rufen, nennen, benennen **b)** zurückblicken, berücksichtigen **c)** jeder, ganz; *Pl.* alle

3 **a)** wild, trotzig ~ saevus, a, um **b)** erblicken, ansehen ~ conspicere

4 **a)** Alexander versammelte seine Freunde. **b)** Denn er hatte ein wildes Pferd erblickt. **c)** Dieses warf alle Männer auf den Boden (die Erde). **d)** Aber Alexander beendete den Zorn des Pferdes völlig. **e)** Deshalb sind seine Gefährten von der Tapferkeit des jungen Mannes beeindruckt (bewegt) worden. **f)** Sie hatten nämlich erkannt (wussten), dass Alexander ein tapferer Mann war.

Lektion 70 (2)

1 claudit → schließt | ruit → stürmt; eilt | fiducia sui → Selbstvertrauen | collocare → unterbringen | exire → ausgehen

2 **a)** 4 exire: hinausgehen ↔ inire: hineingehen **b)** 3 claudere: (ab)schließen ↔ aperire: öffnen **c)** 3 delere: zerstören ↔ collocare: errichten (aufstellen) **d)** 1 timor: die Angst, die Furcht ↔ fiducia: das Vertrauen

3 **a)** adire: herantreten (an), bitten, aufsuchen **b)** abire: weggehen **c)** exire: herausgehen, hinausgehen; zu Ende gehen **d)** inire: hineingehen (in), beginnen **e)** perire: umkommen, zugrunde gehen **f)** subire: auf sich nehmen, herangehen **g)** transire: durchqueren, hinübergehen, überschreiten

4 **a)** Eine Klausurtagung findet hinter verschlossenen (claudere) Türen bzw. unter Ausschluss der Öffentlichkeit statt. **b)** Eine Ruine ist eine eingestürztes Bauwerk (ruere), also kann sie nicht mehr vollständig erhalten sein. **c)** Ein Arzt vermerkt "Exitus", wenn ein Patient verstorben ist, also aus dem Leben hinausgegangen ist (exire).

Lektion 71

1 Baum → arbor | Büchlein → libellus | Gottheit → numen

2 **a)** das Unglück **b)** das Glück **c)** die Zukunft **d)** (die) Staaten **e)** (die) Taten

3 **a)** Alexander war ein sehr großer Heerführer (Anführer). **b)** Dennoch zwang Diogenes ihn, (ihm) aus der Sonne zu gehen. **c)** Den Schriftsteller, der diese Geschichte verfasst hat, kennen wir nicht. **d)** Einige sagen, dass diese Geschichte nicht wahr ist.

4 **a)** Ein Intercityexpress fährt zwischen (inter) verschiedenen Städten (civitas) hin und her. **b)** Ein Dekret (decernere) ist ein Beschluss, also das, was von jemanden entschieden worden ist. Ist es der Beschluss eines Königs, kommt er einem Gesetz gleich. **c)** Sie bietet entweder Versicherungen an oder Sicherheitsvorkehrungen, also etwas was für (pro) Menschen und Häuser eine Absicherung bzw. einen Schutz (tegere) darstellt. **d)** Bei einer hohen Polizeipräsenz sind viele Polizisten anwesend (praesens).

Lektion 72

1 **a)** pons: die Brücke ↔ fons: die Quelle **b)** ignoscere: verzeihen ↔ cognoscere: erkennen, kennenlernen; *Perf.:* kennen, wissen **c)** docere: lehren ↔ dolere: schmerzen, traurig sein **d)** vivus, a, um: lebend, lebendig ↔ visus, a, um: gesehen

2 **a)** Zu Lebzeiten seines Vaters ist Alexander zu Aristoteles geschickt worden. **b)** Dieser lehrte (unterrichtete) ihn vieles (viele Dinge). **c)** Aber nach dem Tod seines Vaters griff der junge Mann im Namen der Freiheit die Perser an. **d)** Unter der Führung Alexanders kamen die Soldaten bis zu den Indern.

3 **a)** Eine Delegation spricht meistens im Namen anderer, weil die dieser Gesandtschaft angehörenden Menschen, als Bevollmächtigte (legatus) die Anliegen und Interessen ihrer Auftraggeber vertreten. **b)** Der Pont du Gard trug eine Wasserleitung und überbrückte (pons) das Tal des Flusses Gard in der Provence. **c)** Ein Dozent unterrichtet oder lehrt (docere) die Studenten. **d)** Das Musikstück, soll mit Schwung, also lebhaft bzw. lebendig (vivus) gespielt werden.

Lektion 72 (2)

1 **a)** da, dann, darauf, damals **b)** heute **c)** vorher, früher **d)** neulich, vor kurzem **e)** nachher, später **f)** bald

2 **a)** munus die Aufgabe; das Geschenk ↔ murus die Mauer **b)** mors der Tod ↔ mora der Aufenthalt, die Verzögerung ↔ mos die Sitte, der Brauch; *Pl.* der Charakter **c)** vir der Mann ↔ vis die Gewalt, die Kraft, die Menge **d)** censum gemeint, eingeschätzt ↔ centum hundert

3 **a)** Der Mann ist frei von jeder Aufgabe. **b)** Der Junge schickt seiner Mutter Geschenke.

4 **a)** Kombination mit 1, 2, 3 und 4 möglich: Philippo invito: gegen den Willen Phillips; Philippo rege: unter der Regierung Phillips; Philippo auctore: auf Veranlassung Philipps; Philippo praesente: in Anwesenheit Philipps **b)** Kombination mit 1, 3 und 4 möglich: hoste invito: gegen den Willen des Feindes; hoste auctore: auf Veranlassung des Feindes; hoste praesente: in Anwesenheit des Feindes **c)** Kombination mit 1, 3 und 4 möglich:

populo invito: gegen den Willen des Volkes; populo auctore: auf Veranlassung des Volkes; populo praesente: in Anwesenheit des Volkes **d)** Kombination mit 1, 2, 3 und 4 möglich: me invito: gegen meinen Willen; me rege: unter meiner Regierung; me auctore: auf meine Veranlassung; me praesente: in meiner Anwesenheit

Lektion 73

1 **a)** das Leben führen, leben **b)** Aufgaben ausführen, Geschäfte betreiben **c)** nichts tun **d)** Ungeheuer bezwingen **e)** Feinde unterwerfen, Feinde bezwingen **f)** Geld sammeln, Geld eintreiben **g)** Soldaten versammeln

2 **a)** Einmal (einst) strengte sich ein Wächter zwar (freilich) an, einen Wagen zu bewachen, aber der Schlaf übermannte (besiegte) ihn.

3 cella → Keller | iugum → Joch | carrus → Karren | oraculum → Orakel

Lektion 73 (2)

1 **a)** weder ... noch **b)** der eine ... der andere **c)** entweder ... oder **d)** mehr ... als **e)** sowohl ... als auch **f)** nicht nur ..., sondern auch

2 **a)** cupidus, a, um: (be)gierig (nach) **b)** regnum: die (Königs-) herrschaft, das Reich **c)** rumpere: zerbrechen **d)** difficilis: schwer, schwierig

3 **a)** regni: Alexander war begierig nach der Herrschaft. **b)** inquit: Deshalb sagte Demosthenes von Zorn bewegt: **c)** rumpere: „Wir wollen diese Fesseln zerbrechen. **d)** observare: Wir müssen den Feind gut beobachten."

4 **a)** Es handelt sich um eine besondere Ausgabe (edere) des Romans. **b)** Sie beobachtet (observare) einen Verdächtigen. **c)** Sie ist alles andere als leicht, weil sie schwer (difficilis) zu lösen ist.

Lektion 74

1 **a)** **4** sidus: der Stern, das Sternbild – sol: die Sonne **b)** **2** movere: bewegen – motus: die Bewegung **c)** **2** cursus: der Lauf – currere: laufen **d)** **1** fama: das Gerücht, der Ruf – opinio: die Meinung, der (gute) Ruf

2 **a)** wiederum, ein zweites Mal **b)** deshalb, daher **c)** ja sogar, im Gegenteil **d)** vor allem, besonders **e)** schon, bereits, nun **f)** dort **g)** also, folglich **h)** innen, im Inneren

3 **a)** irgendein Mann **b)** irgendeinem Menschen **c)** irgendein Mädchen **d)** irgendwelche Soldaten **e)** irgendwelchen Sklav(inn)en **f)** irgendwelche Tempel **g)** durch irgendeinen Anführer **h)** irgendeines Geschenks / irgendeiner Aufgabe **i)** irgendwelcher Lehrer

4 opinion ← opinio; motion ← motus; course ← cursus: Meiner Meinung nach sollten wir das Schiff in Bewegung setzen und einen neuen Kurs / eine neue Richtung wählen.

Lektion 74 (2)

1 constare, consto, constiti: feststehen, bekannt sein; bestehen (aus) / instare, insto, institi: bevorstehen, hart zusetzen

2 **a)** atque: und, und auch ↔ neque: und nicht, auch nicht **b)** certus: sicher, bestimmt ↔ incertus: unsicher, ungewiss **c)** mortalis: sterblich ↔ divinus: göttlich

3 **a)** Ein Ort, an dem Licht fehlt, ist **dunkel**. **b)** Ein Ort, den niemand kennt, ist **unbekannt**. **c)** Ich bin durch **Zufall/zufällig** mit einem Freund zusammengekommen (habe einen Freund getroffen). **d)** Alexander führte den **Fall**/Untergang der Perser herbei. **e)** Wir wissen, dass Sokrates weise war/**Verstand hatte**. **f)** Wenn du (guten) **Geschmack hast**, schmeckt (gefällt) dir diese Mahlzeit.

4 **a)** durch Zufall (casus) **b)** antworten (respondere) **c)** dunkel (obscurus) **d)** göttlich (divinus)

Lektion 75

1 Zum Sachfeld vates (Seher, Dichter, Sänger) passen: fatum: das Schicksal, der Götterspruch – sacerdos: der Priester, die Priesterin – sacrificium: das Opfer – numen: die Gottheit, der göttliche Wille, die Macht – providere: vorhersehen, sorgen für – cantare: singen

Die übrigen Wörter lassen sich dem Sachfeld *Krieg* zuordnen: miles: der Soldat – invadere: eindringen – dux: der Anführer – ensis: das Schwert

2 **a)** divitias: Krösus hatte großen Reichtum. **b)** vis: Herkules hatte große Kraft. **c)** auxilium: Die Menschen baten immer um die Hilfe der Götter.

3 **a)** Die Wurzel aller Übel ist die Begierde (das heftige Verlangen). **b)** Irren ist menschlich. **c)** Das Leben ist kurz, die Kunst ist lang.

4 **a)** Für die Bewegung des Humanismus steht der *Mensch* (homo) bzw. die *Menschlichkeit* (humanitas, humanus) im Mittelpunkt. **b)** *Brief* ist ein Lehnwort zu lateinisch breve (kurz). Deshalb sollte er *kurz* sein. **c)** Weil ein opulentes Mahl sehr *reich*haltig ist, also seine Zubereitung einen gewissen *Reichtum* (opes) verlangt.

Lektion 75 (2)

1 **a)** rex: der König / regnum: die Königsherrschaft, das Königreich – regere: beherrschen, leiten, lenken – regius, a, um: königlich **b)** cupiditas: das (heftige) Verlangen (nach), die Leidenschaft – cupere: wünschen, verlangen – cupidus, a, um: (be) gierig (nach) **c)** factum: die Handlung, die Tat, die Tatsache – facere: machen, tun, handeln – facilis, e: leicht (zu tun)

2 incipere: anfangen, beginnen – accipere: erhalten, erfahren, annehmen – recipere: zurücknehmen, aufnehmen, wiederbekommen

3 **a 2)** Poeta versus componit: Der Dichter fasst Verse ab. **b 4)** Testis fures accusat: Der Zeuge klagt die Diebe an. **c 1)** Iudex componit, quod testes dicunt: Der Richter vergleicht (das), was die Zeugen sagen. **d 3)** Vates ait „Mox fortuna se vertet“: Der Seher sagt „Bald wird das Glück / Schicksal sich wenden / verändern“.

Lektion 76

1 **a)** contingere: berühren, gelingen (durch das Präfix con- wird die Bedeutung von tangere unterstrichen) **b)** spectaculum: das Schauspiel (durch das Suffix -culum wird ein Mittel bezeichnet) **c)** initium: der Anfang, der Eingang (durch das Suffix -ium wird das Ergebnis bezeichnet)

2 **a)** litterae; epistula **b)** demum; tandem; postremo **c)** tangere; contingere

3 **a)** Tibi salutem dico: Ich (be)grüße dich. **b)** Caesar provinciae praeest: Cäsar leitet die Provinz. **c)** Mater pueris providet/consulit: Die Mutter sorgt für die Jungen. **d)** Dei homines iuvant: Die Götter helfen den Menschen.

4 **a)** Wenn ein Bayer „a Gaudi“ hat, dann empfindet er *Freude* (← gaudium; gaudere) **b)** Um einen Kontakt herzustellen, ist eine *Berührung* (← tangere) notwendig. **c)** Die Initialen sind die *Anfangs*buchstaben (← initium; inire) des Vor- und Nachnamens.

Lektion 76 (2)

1 **a)** die Sonne **b)** nur **c)** der Trost, das Trostmittel **d)** (auf)gelöst; bezahlt

2 **a)** victoria: der **Sieg** ↔ clades: die **Niederlage**, das Unglück, das Unheil **b)** neglegere: vernachlässigen, **nicht (be)achten** ↔ cernere: sehen, **bemerken** **c)** inire: hineingehen (in), **beginnen** ↔ perficere: erreichen, fertigstellen, **vollenden**

3 **a)** diu: lange (Zeit) → diutius: länger **b)** unus: einer, ein einziger → una: zugleich, zusammen **c)** primus: der erste → prior: der erste, der frühere, der vordere **d)** decernere: beschließen, entscheiden → cernere: sehen, bemerken

4 **a)** Wenn du den Sieg nicht erringen (schaffen) kannst, musst du die Niederlage gut annehmen. **b)** Wenn ihr die Götter nicht verehrt, wird euch großes Unglück niederwerfen.

5 **a)** Ein Prior ist der Vorsteher, da er die *erste* (→ prior) Position im Kloster einnimmt. **b)** Man versteht im Italienischen unter ‚consolazione‘ *Trost* (→ solacium). **c)** Ein Perfektionist strebt nach *Vollendung* (→ perficere).

Lektion 77

1 Zeile 1: plurimi – plures quam – pauci
Zeile 2: maximus – minor quam – maior quam – minimus
Zeile 3: multo maior quam

2 **a)** außerhalb des Tempels ↔ **b)** innerhalb des Hauses **c)** Der Sieger hat mehr Einfluss. ↔ **d)** mehrere Siege

3 **a)** Es hat seinen Namen daher, dass es eine *mehr als vergangene* Zeit, also die Vorvergangenheit bezeichnet (→ plus; quam; perfectum). **b)** Die Majorität ist der *größere* (→ maior) Teil der Bevölkerung, also eine Mehrheit. **c)** Eine Extrawurst ist eine Behandlung, die außerhalb von (→ extra) dem, was man gewohnt ist, liegt. **d)** Eine Longe ist eine *lange* (→ longus) Leine, an der das Pferd geführt wird.

Lektion 77 (2)

1 **a)** parvus – minor – minimus: klein – kleiner – der kleinste **b)** malus – peior – pessimus: schlecht – schlechter – der schlechteste **c)** bonus – melior – optimus: gut – besser – der beste

2 **a)** opus: die Arbeit, das Werk ↔ ops: die Hilfe, die Kraft; *Pl.* die Macht, die Mittel, der Reichtum **b)** comparare: vergleichen ↔ comperire: erfahren **c)** minor: kleiner, geringer ↔ mirus: erstaunlich, sonderbar **d)** aurum: das Gold ↔ auris: das Ohr

3 **a)** Cäsar vergleicht seine Soldaten: **b)** Der eine ist größer als der andere. **c)** Die einen sind besser als die anderen. **d)** Die meisten (sehr viele) sind tapfer. **e)** Aber die Schlechtesten wollen nicht kämpfen.

4 **a)** Die Minorität ist der *kleinere* (→ minor) Teil der Bevölkerung, also eine Minderheit. **b)** Ein Optimist erhofft stets das *Beste* (→ optimus), ein Pessimist befürchtet stets das *Schlechteste* (→ pessimus).

Lektion 78

1 **a)** wegführen, **rauben,** wegreißen ~ auferre **b) die Angst**, die Furcht ~ terror **c) tragen, bringen** ~ ferre **d) vergleichen** ~ conferre **e) ertragen**, standhalten ~ perferre; ferre

2 **a)** inferre: Ein Tisch ist in das Haus hineingetragen worden. | Dem Freund ist ein Schrecken eingejagt (zugefügt) worden. | Gegen die Feinde ist Krieg begonnen worden (Den Feinden ist Krieg (ins Land) hineingetragen worden). **b)** perferre: Ich habe die Nachricht an den Konsul überbracht. | Ich habe große Schmerzen ertragen. **c)** offerre: Dem Freund ist Hilfe angeboten worden. | Den Göttern ist Verehrung entgegengebracht worden. **d)** auferre: Ein Dieb raubte die Gemälde. **e)** afferre: Ein Diener brachte Speisen (herbei). | Der Bote meldete die Befehle des Konsuls. **f)** conferre: Der Schmuck (Die Schmuckstücke) der Frauen sind zusammengetragen worden. | Italien wurde mit Gallien verglichen.

3 **a)** Eine Konferenz ist ein Treffen, bei dem verschiedene Meinungen *zusammengetragen* (→ conferre) und miteinander *verglichen* werden. **b)** Eine Offerte ist ein *Angebot* (→ offerre). **c)** Der Ablativ ist nach dem lat. Wort auferre (wegbringen, rauben) benannt, da der Ablativ auch eine *Trennung* oder *Wegnahme* (von etwas) angibt.

Lektion 78 (2)

1 efferre: herausheben, hervorbringen – deferre: hinbringen, melden, übertragen – referre: (zurück)bringen, berichten – differre: aufschieben, sich unterscheiden (von)

2 **a)** laudare: loben | laus, laudis: das Lob, der Ruhm **b)** superbus, a, um: stolz, überheblich / superbia: der Stolz, die Überheblichkeit **c)** ducere: führen, ziehen; halten für | dux, ducis: der Anführer, die Anführerin

3 **a)** Stolz im Kampf. **b)** Der Slogan soll wohl Selbstbewusstsein und Mut, nicht aber Überheblichkeit zum Ausdruck bringen.

4 **a)** Eine Differenz ist der *Unterschied* (→ differre) zwischen zwei Zahlen oder eine Meinungs*verschiedenheit*. **b)** Ein Referat ist ein Vortrag, bei dem über etwas *berichtet* (→ referre), das man sich zuvor angeeignet hat, sodass man es *wiedergeben* kann. **c)** Ein Elativ wird verwendet, wenn einer Sache eine Beschaffenheit in sehr hohem, d.h. in *herausgehobenem* (→ efferre) Maß zukommt. **d)** Er bedeutet, dass man zu einem hohen Ziel (zu den Sternen) meist nur da*durch* (→ per) kommt, dass man Schwierigkeiten (*Raues*: aspera) meistert.

Lektion 79

1 **a)** in: Verneinung + pius: fromm, gewissenhaft, pflichtbewusst = impius: gottlos, gewissenlos **b)** quis: wer? + nam: denn = quisnam? wer denn? **c)** in: in, an, auf + ponere: legen, setzen, stellen = imponere: auferlegen, einsetzen

2 **a)** Ich hindere den Dieb (daran), dass er das Silber raubt. **b)** Denn es besteht die Gefahr, dass er flieht. **c)** Ich bitte den Freund (darum), dass er mich nicht verlässt. **d)** Ich fürchte nämlich, dass der Dieb weggeht. **e)** (Ich sage) zum Dieb: „Ich halte dich zurück, damit du nicht entfliehst!"

3 prohibited (prohibere: abhalten, hindern) – injust (iniustus: ungerecht) – imponieren (imponere: auferlegen, einsetzen) – Präsidium (praesidium: der (Wach-)Posten, die Schutztruppe)

Lektion 79 (2)

1 **a)** sentire: fühlen, meinen, wahrnehmen → sententia bezeichnet das, was man meint bzw. was gemeint ist: die Meinung, der Sinn **b)** pater: der Vater → patrius bezeichnet das, was zum Vater bzw. zum Vaterland / der Heimat gehört: heimisch, väterlich **c)** causa: die Sache, die Ursache, der Grund; der Prozess → causa gibt als erstarrter Ablativ den Grund einer Sache an: aufgrund, wegen

2 **a)** die Vorsorge, die Vorsicht – vorsichtig **b)** der Fehler, die Sünde – der Sünder **c)** härten, dauern – die Härte **d)** sinnreich, gedankenreich

3 **a)** Der Zusatz bedeutet wegen (→ causa) der Ehre (→ honor), also *ehrenhalber*, d. h. man hat den Titel nicht aufgrund einer Doktorarbeit erworben, sondern als Ehrung für besondere, einer Doktorarbeit ebenbürtige Verdienste. **b)** Man erwartet, dass er aus *hartem* (→ durus) Kunststoff besteht. **c)** Die Aufschrift bedeutet *Vorsicht* (→ cavere).

4 CAVE CANEM stellt eine Warnung vor einem gefährlichen Hund dar, denn es bedeutet: Hüte dich vor dem Hund!

Lektion 80

1 **a)** puer **b)** adulescens/iuvenis **c)** vir/iuvenis **d)** senex

2 **a)** Der Dieb **beging** ein Verbrechen. **b)** Ich **vertraue** dir eine schwere Aufgabe **an**. **c)** Die Soldaten **beginnen** den Kampf. **d)** Heute **veranstalten** wir ein Essen. **e)** Ich glaube nicht, dass die Feinde den Sieg **erringen** (zustande bringen).

3 giungere: iungere (verbinden, vereinigen) / incredibile: incredibilis, e (unglaublich)

4 CAMPING CUM CANE: Das Schild weist darauf hin, dass man auch mit Hund (cum cane) den Campingplatz benutzen darf.

Lektion 80 (2)

1 berühren: tangere – contingere – attingere

2 **a) 3.** Die Sachen, die die Ehefrau mitbringt, wenn sie einen Mann heiratet. – die Mitgift **b) 1.** Wenn ein Dieb ergriffen worden ist, muss er sich an diesem Ort aufhalten. – das Gefängnis **c) 2.** Der eine sagt dem anderen etwas. – das Gespräch

3 **a)** Es beschämt den Jungen (Der Junge schämt sich). **b)** Denn er glaubt, dass er des Spiels unwürdig ist. **c)** Er fürchtet, dass er allein singen muss. **d)** Aber der Freund berührt ihn und ermuntert ihn zum Spiel.

4 **a)** Es bedeutet, dass man sehr viel Geld *mitgegeben* (→ dos) bekommt. **b)** Der Fußballer macht einen *Allein*gang (→ solus), der Musiker spielt *alleine* (→ solus). **c)** Er hält eine lange *Rede* (→ sermo).

Lektion 81

1 **a)** würdig ↔ unwürdig → die Würde, das Ansehen, die (gesellschaftliche) Stellung **b)** durcheinanderbringen, stören → in Verwirrung bringen **c)** das Verderben, die Vernichtung → gefährlich, schädlich

2 **a) 4.** schlecht, schlimm – schlecht, unanständig **b) 3.** deshalb – deshalb **c) 1.** aufhören – aufhören (mit) **d) 2.** vorgehen (gegen) – vorgehen (gegen)

3 **a)** Die Ehefrau beweint den Tod ihres Bruders in aller Öffentlichkeit. **b)** Die Ehefrau verheimlicht den Tod ihres Bruders.

4 **a)** Man ist seinem Favoriten *gewogen* bzw. *bevorzugt* (→ favere) ihn. **b)** Er führt es mit *Würde* (→ dignitas) aus. **c)** Er will damit sagen, dass er etwas Gefährliches (→ perniciosus) entdeckt hat.

Lektion 82

1 **a)** lacessere: herausfordern, reizen ↔ arcessere: herbeirufen, holen **b)** impedire: (ver)hindern ↔ impellere: antreiben, veranlassen **c)** legio: die Legion ↔ regio: die Gegend, das Gebiet, die Richtung **d)** extremus: der äußerste, der letzte ↔ egregius: ausgezeichnet, hervorragend

2 **a)** finiverunt: Die Feinde haben die Schlacht beendet. **b)** vexati erant: Einst waren Sklaven gequält worden. **c)** evenit: Es ereignete sich ein großes Unglück. **d)** egregius: Alexander war ein hervorragender Anführer.

3 **a)** Die Römer **griffen** ihre Nachbarn **an**. **b)** Als die Römer sich näherten, **suchten** die Nachbarn in der Flucht die Rettung. **c)** Sie **baten** die Götter, dass ihr Schicksal sich wendet. **d)** Sie **suchten** die Wälder **auf**, um sich zu retten.

4 **a)** Unter Extremismus versteht man eine Haltung, die nicht gemäßigt ist oder eine vernünftige Mitte anstrebt, sondern bis zum *Äußersten* (→ extremus) geht. **b)** Man kann dort all die Dinge kaufen, die man beim *Militär* (→ militaris) benutzt, also Kleidung, Geschirr, Zelte, aber z.T. auch Waffen. **c)** Er besteht darin, dass der Gegner sehr deutlich geschlagen wird bzw. darin, dass nach dem Sieg ein *Triumphzug* (→ triumphus) durch die Stadt folgt, weil man z. B. Weltmeister geworden ist.

Lektion 83

1 **a)** optare: wünschen ↔ ornare: ausstatten, schmücken ↔ orare: (an)beten, bitten **b)** vinculum: das Band, die Fessel; *Pl.* das Gefängnis ↔ vitium: der Fehler, die schlechte Eigenschaft ↔ vestigium: die Fußsohle, die Spur, die Stelle **c)** diligere: hochachten, lieben ↔ deligere: (aus)wählen ↔ desistere: aufhören **d)** voluptas: die Lust, das Vergnügen ↔ voluntas: der Wille, die Absicht

2 **a)** odio esse: verhasst sein ↔ diligere: hochachten, lieben **b)** posteri: die Nachkommen ↔ maiores: die Vorfahren **c)** difficile: schwer, schwierig ↔ facile: leicht **d)** gravis: schwer ↔ levis: leicht, leichtsinnig, gering **e)** virtus: die Tapferkeit, die Tüchtigkeit, die Leistung; die Tugend ↔ vitium: der Fehler, die schlechte Eigenschaft

3 **a)** factum: die Handlung, die Tat, die Tatsache **b)** facilis, e: leicht (zu tun) **c)** profecto: sicherlich, tatsächlich **d)** difficilis, e: schwer, schwierig **e)** difficultas: die Schwierigkeit **f)** beneficium: die Wohltat

4 **Waagrecht**: 1 erstens, zuerst, zum ersten Mal – 2 bekannt, in aller Öffentlichkeit – 3 nachher, später – 6 außerdem – 8 von fern, weit weg – 9 eher, lieber – 10 sicherlich, tatsächlich / **Senkrecht**: 1 schließlich – 2 allmählich – 4 sofort – 5 fast, beinahe – 6 mehr – 7 zuerst

5 **a)** Das macht Spaß (Diese Sache bringt Lust mit). **b)** Wenn doch die Menschen Menschlichkeit besäßen (hätten)! **c)** Er wollte lieber sterben als Sklave sein / dienen. **d)** Bald behauptet er (etwas), bald verneint er (etwas).

6 **a)** Er hat sich *bestechen* (→ corrumpere) lassen. **b)** Er teilt mit, dass Rauchen (Zigaretten) sein einziges *Laster* bzw. seine einzige *schlechte Eigenschaft* (→ vitium) ist.

Lektion 84

1 **a)** restare: übrig bleiben; Widerstand leisten ↔ resistere: stehen bleiben, Widerstand leisten ↔ restituere: wiederherstellen **b)** permittere: erlauben, überlassen ↔ promittere: versprechen ↔ procedere: (vorwärts)gehen, vorrücken **c)** quid: was ↔ quis: wer ↔ qui: wie (*Adv.*) – welcher, der (*Relativpron.*) **d)** legatio: die Gesandtschaft ↔ oratio: die Rede ↔ natio: das Volk, der Volksstamm

2 Cicero denkt an (ist in Erinnerung an) ... **a)** die Provinz Sizilien. **b)** seine bittere Verbannung / sein grausames Exil **c)** seine adeligen / berühmten Gegner **d)** seine vielen Pflichten **e)** hinterlistige Unrechtstaten (Ungerechtigkeiten und Hinterlist) **f)** einen alten Plan / Beschluss / Rat.

3 **Ortsangabe** (wo?): illic: dort – Romae: in Rom – intus: innen, im Inneren – hic: hier / **Richtungsangabe** (wohin? woher?): huc: hierher – undique: von allen Seiten, von überallher – Romam: nach Rom

4 **a)** die Feinde töten **b)** bestrafen (mit einer Strafe versehen) **c)** ans Ziel kommen (eine Reise beenden) **d)** den Krieg beenden (vollenden) **e)** eine Brücke bauen (herstellen)

5 **a)** jemanden verwunden **b)** jemandem Geld geben **c)** jemanden beschenken **d)** jemanden erfreuen **e)** jemanden ehren **f)** jemandem ein Unrecht zufügen **g)** jemanden belohnen **h)** jemanden beschenken / mit Aufgaben betrauen **i)** jemandem Schmerz bereiten

6 **a)** Ich will ein Schauspiel anschauen. **b)** Dann will ich Ravenna verlassen. **c)** Ich will die Soldaten beim (Fluss) Rubikon sammeln. **d)** Ich will mit den Soldaten nach Rom marschieren. **e)** Ich will alles mit Waffen ausführen (betreiben).

7 **a)** Er bezeichnet mit **collection** eine *Sammlung* (→ colligere) von Dingen, z. B. Münzen. **b)** Er bezeichnet mit **nobleman** einen *Adeligen* (→ nobilis) bzw. einen Menschen, der sich wie ein Adeliger, also vornehm verhält. **c)** Wer etwas ohne **permission** tut, macht es ohne *Erlaubnis* (→ permittere). **d)** Er sucht einen *Raum* (→ spatium), wo er parken kann, also einen Parkplatz oder ein Parkhaus.

Lektion 85

1 consilium, consilii: die Beratung, der Beschluss, der Plan, der Rat – conspectus, conspectus: der Anblick, das Blickfeld – consul, consulis: der Konsul – coniunx, coniugis: der Gatte, die Gattin – condicio, condicionis: die Bedingung, die Lage, die Verabredung – concordia, concordiae: die Eintracht, die Einigkeit – convivium, convivii: das Gastmahl, das Gelage – coniuratio, coniurationis: die Verschwörung

2 **a)** accedere: herbeikommen, hinzukommen ↔ accidere: geschehen, sich ereignen ↔ accipere: erhalten, erfahren, annehmen **b)** constare: bestehen (aus); bekannt sein, feststehen ↔ conservare: bewahren, retten **c)** facilis: leicht (zu tun) ↔ familiaris: freundschaftlich, vertraut; *Subst.* der Freund **d)** nunc: nun, jetzt ↔ tunc: damals, dann **e)** postquam: nachdem, als ↔ post: dann, später; nach **f)** quot: wie viel(e) ↔ quotiens: wie oft, sooft

3 **a)** zu den Freunden hinzukommen / sich den Freunden nähern **b)** die Stadt betreten / in die Stadt hineingehen **c)** die Stadt verlassen / aus der Stadt herausgehen **d)** gegen die Gegner vorrücken **e)** vor den Gegnern zurückweichen **f)** den Gegnern nicht nachgeben **g)** sterben / aus dem Leben weggehen **h)** ein Gastmahl vorbereiten

4 **a)** antea: vorher, früher ↔ postea: nachher, später **b)** delere: zerstören, vernichten ↔ conservare: bewahren, retten **c)** negotium: die Aufgabe, das Geschäft, die Angelegenheit ↔ otium: die freie Zeit, die Ruhe, der Frieden **d)** amicus: der Freund ~ familiaris: der Freund **e)** appropinquare: sich nähern ~ accedere: herbeikommen, hinzukommen **f)** tum: da, dann, darauf, damals ~ tunc: damals, dann **g)** pax: der Frieden ~ otium: die freie Zeit, die Ruhe, der Frieden

5 **a)** ceterum → ceterum: übrigens, im Übrigen ↔ certis → certus, a, um: sicher, bestimmt **b)** odii → odium: der Hass ↔ otii → otium: die freie Zeit, die Ruhe, der Frieden **c)** accedit → accedere: herbeikommen, hinzukommen ↔ accidit → accidere: geschehen, sich ereignen **d)** familiarem → familiaris: freundschaftlich, vertraut; *Subst.* der Freund ↔ familiis → familia: die Familie

6 **a)** würdevolle Ruhe (Ruhe mit Würde) **b)** genug (der) Zeit **c)** sich der Stadt nähern (zur Stadt hinkommen) **d)** sich in die Ruhe zurückziehen **e)** ein wenig später / kurz darauf **f)** Briefe an die Freunde **g)** die Bürger retten

7 **a)** Das Treffen findet in *freundschaftlicher* bzw. *vertrauter* (→ familiaris; familia) Atmosphäre statt. **b)** Sie *bewahrt* (→ conservare) das Essen so auf, dass man es nicht sofort essen muss, sondern auch erst später essen kann. **c)** Eine saturierte Person ist satt, weil sie *genug* (→ satis) von etwas hat.

Lektion 86

1 **a)** infandus: abscheulich, unsagbar ↔ inanis: leer, wertlos **b)** discrimen: die Entscheidung, die Gefahr; der Unterschied ↔ crimen: das Verbrechen, der Vorwurf, die Beschuldigung **c)** declarare: deutlich machen, verkünden ↔ delectare: erfreuen, unterhalten **d)** taberna: der Laden, das Wirtshaus ↔ tabula: die (Schreib-)Tafel, das Gemälde **e)** miscere: mischen, verwirren, durcheinanderbringen ↔ mittere: (los)lassen, schicken, werfen **f)** identidem: immer wieder, wiederholt ↔ idem: derselbe, der gleiche **g)** impune: ungestraft, ohne Schaden ↔ imprimis: besonders, vor allem

2 **a)** Nicht zum Wortfeld „Verbrechen" gehören: diligens: sorgfältig, gewissenhaft – honestus: ehrenhaft, angesehen – laetus: froh; fruchtbar – placidus: friedlich, ruhig, sanft – sapiens: klug, weise **b)** Die in a) aufgeführten Adjektive bezeichnen Charaktereigenschaften bzw. Tugenden. **c)** **Adjektiv**: crudelis: grausam – improbus: schlecht, unanständig – nefarius: gottlos, verbrecherisch / **Substantiv:** fur: der Dieb – sceleratus: der Verbrecher – supplicium: die Strafe, die Hinrichtung; das flehentliche Bitten – poena: die Strafe – terror: die Angst, der Schrecken / **Adverb**: impune: ungestraft, ohne Schaden **d)** poena: die Strafe – impune: ungestraft, ohne Schaden

3 **a)** acriter → acer: energisch, heftig, scharf **b)** nocturne → nocturnus: nächtlich **c)** nefarie → nefarius: verbrecherisch, gottlos **d)** familiariter → familiaris: freundschaftlich, vertraut **e)** frequenter → frequens: häufig, zahlreich **f)** pie → pius: fromm, gerecht, pflichtbewusst **g)** praeclare → praeclarus: großartig **h)** sapienter → sapiens: klug, weise

4 **a)** eine nächtliche Party **b)** nicht zweifeln / zögern **c)** nachts ein Unrecht begehen **d)** nicht leicht (= schwer) **e)** Arbeiten in der Nacht / nächtliche Arbeiten **f)** nicht wissen **g)** zur Nachtzeit / zur nächtlichen Zeit **h)** nicht ungestraft **i)** die Nachtstunden / die Stunden der Nacht

5 Genannt werden können z. B.: civis: der Bürger – civitas: die Bürgerschaft, der Staat – res publica: der Staat – periculum: die Gefahr – pernicies: das Verderben, die Vernichtung – clades: die Niederlage, das Unheil, das Unglück – calamitas: der Schaden, das Unglück – res adversae: das Unglück – salus: die Rettung – auxilium: die Hilfe – ops: die Hilfe – poena: die Strafe – supplicium: die Hinrichtung – hostis: der Feind – adversarius: der Gegner – dei: die Götter

6 **a)** Das Gerät wird Mixer genannt, weil man mit ihm Zutaten verrühren bzw. *vermischen* (→ miscere; mixtum) kann. **b)** Wenn man jemanden diskriminiert, grenzt man ihn aus, weil man zwischen ihm und den anderen einen *Unterschied* (→ discrimen) macht. **c)** Hinter einer Taverne verbirgt sich ein *Wirtshaus* (→ taberna). **d)** Unter Äquinoktium versteht man die Tage im Jahr, an denen Tag und *Nacht* (→ nox, noctis; nocturnus) *gleich* (→ aequus) lang sind. **e)** Sie *wütet* und *tobt* (→ furor; furere). **f)** Weil sie sich *freundschaftlich* (→ sodalis) verbunden sind.

Lektion 87

1 **a)** istic: da, dort ↔ iste: dieser (da) **b)** illic: dort ↔ illuc: dahin, dorthin **c)** praeterea: außerdem ↔ postea: nachher, später **d)** ars: die Kunst, die Fertigkeit, die Eigenschaft ↔ pars: der Teil, die Seite **e)** visere: besichtigen, besuchen ↔ videre: sehen

2 **a)** schnell / schneller / am schnellsten laufen **b)** schön / schöner / am schönsten singen **c)** ehrenhaft / ehrenhafter / am ehrenhaftesten handeln **d)** unglücklich / unglücklicher / am unglücklichsten leben **e)** grausam / grausamer / am grausamsten quälen **f)** leicht / leichter / am leichtesten begreifen (ergreifen) **g)** viel / mehr / am meisten Einfluss haben **h)** oft / öfter / am öftesten besuchen

3 **a)** adire: herantreten (an), bitten, aufsuchen → aditus: der Zugang, der Eingang **b)** pius: fromm, gerecht, pflichtbewusst → pietas: das Pflichtgefühl, die Frömmigkeit **c)** comprehendere: begreifen, ergreifen, festnehmen → prehendere: ergreifen, nehmen **d)** sedere: sitzen → possidere: besitzen

4 **a)** Zugang zum Tempel gewähren (geben) **b)** den Zugang zum Tempel versperren **c)** Frömmigkeit gegen den Vater **d)** die Körperglieder bewegen **e)** den Feinden tapfer entgegentreten **f)** den Dieb mit Händen ergreifen **g)** viel Land (viele Äcker) besitzen **h)** die Kriegsbeute besichtigen **i)** die liebe Ehefrau besuchen **j)** dorthin, woher **k)** dort, wo **l)** die Redekunst **m)** die Liebeskunst

5 **a)** Augustus verehrte die Götter so fromm wie möglich / möglichst fromm. **b)** Deshalb baute er viele Tempel so schön wie möglich / möglichst schön. **c)** Außerdem legte (gab) er seine Macht so schnell wie möglich / möglichst schnell in die Hände des Senats zurück.

6 **a)** Substantive, die zum Wortfeld „Religion" gehören: z. B.: aedis: der Tempel – deus: der Gott – dea: die Göttin – numen: die göttliche Macht – superi: die Götter – inferi: die Unterwelt – templum: der Tempel – ara: der Altar – sacerdos: der Priester – sacrum: das Opfer – preces: die Bitten, das Gebet – pietas: das Pflichtgefühl, die Frömmigkeit – fatum: das Schicksal, der Götterspruch – oraculum: das Orakel
b) zu streichen sind: memor: in Erinnerung an – obscurus: dunkel, unbekannt – indignus: unwürdig – ferus: wild
c) colere: verehren – peccare: sündigen, einen Fehler machen – orare: beten, bitten – sacrificare: opfern

7 **a)** Weil eine solche Darstellung die vom *Pflichtgefühl* (→ pietas, pius) zwischen Mutter und Kind geforderte Liebe abbildet. **b)** Dieser Fernsehkanal spricht vor allem ein der Film*kunst* bzw. allgemein der *Kunst* (→ ars) zugeneigtes Publikum an. **c)** Mit Visite wird der *Besuch* (→ visere) des Chefarzters beim Patienten bezeichnet. **d)** Es ist ein den *Besitz* (→ possidere) anzeigendes Fürwort. **e)** Member of Parliament ist die Bezeichnung für ein *Mitglied* (→ membrum) des Parlaments.

Lektion 88

1 **a)** oft **b)** niemals **c)** selten **d)** immer wieder, wiederholt **e)** immer **f)** häufig, zahlreich

2 **a)** pecus: das Vieh, das Tier ↔ pectus: die Brust, das Herz **b)** invidia: der Neid ↔ insidiae: die Falle, das Attentat, die Hinterlist **c)** occupatus: beschäftigt ↔ octavus: der achte **d)** gratus: dankbar, willkommen, beliebt ↔ latus: breit, ausgedehnt **e)** divum: göttlich ↔ dictum: der Ausspruch, das Wort **f)** nec ... nec: weder ... noch ↔ et ... et: sowohl ... als auch **g)** carpere: pflücken, genießen; nutzen ↔ capere: fassen, nehmen, erobern **h)** saeculum: das Jahrhundert, das Menschenalter, die Zeit, das Zeitalter ↔ saevum: schrecklich, wild, wütend

3 **a)** humanus: menschlich, gebildet ↔ divus: göttlich **b)** factum: die Handlung, die Tat, die Tatsache ↔ dictum: das Wort, der Ausspruch **c)** tempus: die Zeit ~ saeculum: die Zeit **d)** amatus: geliebt ~ gratus: willkommen, beliebt **e)** animal: das Lebewesen, das Tier ~ pecus: das Vieh, das Tier **f)** redire: zurückkehren ~ se recipere: sich zurückziehen **g)** sine negotiis: ohne Aufgaben / Geschäfte ↔ occupatus: beschäftigt

4 **a)** die unsterblichen Götter **b)** bei den Göttern schwören **c)** Worte der Priester **d)** durch alle Jahrhunderte hindurch **e)** der göttliche Augustus **f)** gelehrte Aussprüche / Worte **g)** die Zeit genießen / nutzen **h)** dankbar gegenüber den Göttern / gegen die Götter

5 **a)** die Kunst des Vortragens / Vorlesens **b)** das (heftige) Verlangen (danach) zu herrschen **c)** die Art zu leben **d)** der Wille etwas zu lernen **e)** die Kunst, Bücher zu schreiben **f)** die Zeit, Gedichte zu lesen **g)** der Wille, den Ruhm zu vergrößern **h)** die Lust, eine Rede zu hören **i)** das (heftige) Verlangen, sich in die Ruhe zurückzuziehen

6 **a)** Substantive, die „Gefühlsregungen" bezeichnen: z. B.: invidia: der Neid – odium: der Hass – amor: die Liebe – gratia: der Dank – timor: die Angst – metus: die Angst, die Furcht – terror: der Schrecken, die Angst – luctus: die Trauer – spes: die Hoffnung – cupiditas: das (heftige) Verlangen – ira: der Zorn – furor: die Wut, die Raserei – pietas: das Pflichtgefühl, die Frömmigkeit – dolor: der Schmerz **b)** zu streichen sind: obscurus: dunkel, unbekannt – brevis: kurz – infandus: abscheulich, unsagbar – nocturnus: nächtlich **c)** gaudere: sich freuen – diligere: hochachten, lieben – flere: weinen – contemnere: verachten, nicht beachten

7 Der Neid ist der Gefährte / Begleiter des Ruhms.

8 **a)** Eine Diva hat *göttliche* (→ divus) Fähigkeiten, evtl. aber auch göttliche Allüren. **b)** Der Student schreibt bzw. *pflückt* (→ carpere) aus dem Text Sätze *heraus* (→ ex). **c)** Eine *Persona non grata* ist eine Person, deren Anwesenheit nicht erwünscht bzw. *nicht willkommen* ist (→ non gratus).

Lektion 89

1 **a)** memorare: erwähnen, sagen ~ 12 dicere **b)** tueri: betrachten, schützen; (milit.) sichern ~ 16 spectare **c)** precari: bitten ~ 7 rogare – 11 orare – 15 petere – 10 obsecrare **d)** vereri: fürchten, sich scheuen ~ 5 metuere – 13 timere; vereri: verehren ~ 3 colere **e)** suspicari: vermuten ~ 9 conicere **f)** polliceri: versprechen ~ 1 promittere **g)** morari: (sich) aufhalten ~ 6 habitare **h)** arbitrari: glauben, meinen ~ 2 credere – 4 putare **i)** reri: meinen ~ 4 putare

2 **Substantive**: arbore → arbor: der Baum – monte → mons: der Berg – ponte → pons: die Brücke – prece → prex: die Bitte, das Gebet – re → res: die Sache, das Ding, die Angelegenheit – specie → species: der Anblick, das Aussehen, der Schein – vere → ver: der Frühling / **Adjektive**: facile → facilis: leicht (zu tun) – turpe → turpis: unanständig, hässlich, schändlich – vere → verus, a, um: echt, richtig, wahr / **Verben**: arbitrare → arbitrari: glauben, meinen – arcesseris → arcessere: herbeirufen, holen – duxisti → ducere: führen, ziehen; halten für – factus est → facere: machen, tun, handeln – fatere → fateri: gestehen, bekennen – morare → morari: (sich) aufhalten – moverunt → movere: bewegen, beeindrucken – pollicere → polliceri: versprechen – ponet → ponere: legen, setzen, stellen – precare → precari: bitten – prehendi → prehendere: ergreifen, nehmen – regemur → regere:

beherrschen, leiten, lenken – ratus sum → reri: meinen – supicare → suspicari: vermuten – sustineo → sustinere: ertragen, standhalten – tuere → tueri: betrachten, schützen, (milit.) sichern – verere → vereri: fürchten, sich scheuen; verehren – vertam → vertere: drehen, wenden

3 Nicht zum Wortfeld „Sprechen" gehören: appropinquare: sich nähern – claudere: schließen, abschließen, einschließen – favere: gewogen sein, begünstigen – ignoscere: verzeihen – rumpere: zerbrechen – statuere: festsetzen, beschließen

4 **Waagrecht**: 4 sie werden bitten – 6 er, sie versprach – 8 wir meinen – 9 sie glauben (meinen) / **Senkrecht**: 1 ihr werdet gestehen (bekennen) – 2 du hieltst (dich) auf – 3 wir vermuteten – 5 ich werde fürchten (mich scheuen; verehren) – 7 du betrachtest (schützt, sicherst (milit.))

5 **a)** Als *murder suspect* wird ein des Mordes Verdächtiger, also jemand, von dem man *vermutet* (→ suspicari), dass er einen Mord begangen hat, bezeichnet. **b)** Er wird als *tutor* bezeichnet, weil er auf die Schüler aufpasst, sie gleichsam *schützt* (→ tueri).

Lektion 90

1 **a)** magnus: groß, bedeutend **b)** pro + esse: für (vor; anstelle von) + sein **c)** Venus: Venus (die Göttin der Liebe) **d)** per + annus: durch (hindurch) + Jahr **e)** tempus: die (günstige) Zeit, die Umstände

2 **a)** iam diu: schon lange ~ iam pridem **b)** petere, ut: erstreben, dass ~ id studere, ut **c)** pecunia: das Geld, das Vermögen ~ aes **d)** usui esse: von Nutzen sein, nützlich sein ~ prodesse **e)** praeclarus: großartig ~ magnificus **f)** magnus: groß, bedeutend ~ grandis **g)** pulcher: schön ~ venustus **h)** aeternus: ewig ~ perennis

3 **a)** Schon lange streben Dichter danach, dass sie die Pyramiden Ägyptens mit schönen Gedichten preisen (loben). **b)** Denn die Pyramiden sind nicht nur alt (groß) und prächtig, sondern auch ewig. **c)** Deshalb haben sie weder die Zeit noch Stürme zerstört.

Lektion 91

1 **a)** Quis? Wer ? ↔ Quin? Warum nicht? ↔ Quid? Was? ↔ Quidnam? Was denn? **b)** Quo? Wo? Wohin? ↔ Quot? Wie viel(e) ↔ Qui, Quae, Quod? Welcher, welche, welches? **c)** Quemadmodum? Auf welche Weise? Wie? ↔ Quare? Weshalb? Wodurch? ↔ Quando? Wann?

2 **a)** Woher kommst du? **b)** Wie (Welcher) ist dein Name / Wie heißt du? **c)** Was denkst du über Gallien? **d)** Verehren etwa die Gallier die römischen Götter? **e)** Leben etwa (denn) die Gallier nicht wie wilde Tiere? **f)** Übertreffen die Römer oder die Gallier alle Völker an Menschlichkeit (Bildung)? **g)** Welche Vorteile bietet (gibt) also das römische Reich den Galliern? **h)** Willst du lieber (den) Krieg oder (den) Frieden?

3 **a)** Ich **verstehe** die fremde Sprache nicht. **b)** Ich (be)**merke**, dass du da bist. **c)** Die Römer **kämpften** ohne Unterbrechung gegen die Gallier. **d)** Die Römer **behaupteten**, dass es der Wille der Götter sei (die Götter wollen), dass sie die Welt (den Erdkreis) in Besitz haben. **e)** Die Römer **strengten** sich mit höchster Kraft **an**, ganz Gallien gewaltsam an sich zu reißen.

Lektion 92

1 **a)** prohibere: abhalten von, hindern (an) **b)** properare: eilen, sich beeilen **c)** prodere: verraten, überliefern **d)** pronuntiare: bekannt geben, vortragen **e)** promittere: versprechen **f)** providere: *m. Akk.*: vorhersehen; *m. Dat.*: sorgen für **g)** probare: prüfen, beweisen, für gut befinden **h)** procedere: (vorwärts)gehen, vorrücken **i)** prodesse: nützen

2 **a)** in mentem venire: in den Sinn kommen ↔ mentem mutare: die Meinung ändern / die Gesinnung wandeln **b)** posteris consulere: für die Nachkommen sorgen ↔ superos consulere: die Götter um Rat fragen **c)** item agere: ebenso handeln ↔ idem agere: dasselbe tun **d)** civitates Galliae exstinguere: die Stämme (Staaten) Galliens auslöschen (vernichten) ↔ Gallis civitatem dare: den Galliern das Bürgerrecht geben

3 **a)** Oft **schwindet** (nimmt) die Hoffnung (ab). Daher **fallen** die Streitkräfte vom Kaiser (Feldherrn) **ab**. **b)** Einige Soldaten haben das Heer **verraten**. Es ist **überliefert**, dass die Soldaten vom Kaiser (Feldherrn) abgefallen sind. **c)** Aber Vitus **erfüllt** (**leistet**) seine Pflichten freiwillig (von selbst). Er **übertrifft** die anderen Soldaten an Tüchtigkeit (Tapferkeit). **d)** Vitus **hält** seine Ehefrau davon **ab** zu weinen (hält seine Ehefrau von den Tränen ab). Er **verhindert**, dass sie verzweifelt.

Lektion 93

1 **a)** rus: das Feld, das Land, das Landgut ↔ ius: das Recht **b)** cum: *Präp.*: mit / *Subj. m. Konj.*: nachdem, als, weil, obwohl, während (dagegen) / *Subj. m. Ind.*: als, immer wenn ↔ tum: da, dann, darauf, damals **c)** quasi: gleichsam ↔ etsi: auch wenn, obwohl **d)** prope: nahe bei, in der Nähe von ↔ paene: fast **e)** adesse: da sein, helfen ↔ abesse: entfernt sein, abwesend sein, fehlen **f)** utilis: nützlich ↔ ut: *Adv.*: wie; *Subj. m. Konj.*: dass, sodass, damit, um zu

2 **a)** non dubitare, quin: nicht zweifeln, dass | ars militaris: Kriegskunst | res utilis: nützliche Sache → Nemo dubitat, quin ars militaris res utilis sit: Niemand zweifelt (daran), dass die Kriegskunst eine nützliche Sache ist. **b)** non multum abest, quin: es fehlt nicht viel, dass | milites Romani: römische Soldaten | ruri: auf dem Land | castra locare: ein Lager errichten (aufstellen) → Non multum aberat, quin milites Romani ruri castra locarent: Es hätte (hat) nicht viel gefehlt, dass die römischen Soldaten auf dem Land ein Lager errichteten.

3 **a) Immer wenn** du kommst, freue ich mich. **b) Weil** du mit höchster Kraft / aller Macht gegen mich kämpftest, hast du gesiegt. **c) Obwohl** ich mit höchster Kraft / aller Macht gegen dich kämpfte, besiegte ich dich dennoch nicht. **d) Während** du mit höchster Kraft / aller Macht gegen die Feinde kämpftest, suchte ich mein Heil in der Flucht (erstrebte ich die Rettung durch die Flucht).

Lektion 94

1 **a)** postulare: fordern ~ poscere; exigere **b)** perficere: erreichen, fertigstellen, vollenden ~ exigere **c)** parare: erwerben ~ emere **d)** tantum: nur ~ nihil ... nisi **e)** quod: weil ~ quoniam **f)** deinde: dann; hierauf ~ inde

2 **a)** Von den Beamten sind die Schulden **eingetrieben** (eingefordert) worden. **b)** Dann sind große Befestigungen (Bauwerke) **vollendet** worden.

3 **a)** Ein Römer sagt: „Sag mir, was du gemacht hast. **b)** Es ist unsicher, ob du einen Fehler gemacht hast. **c)** Ich will wissen, ob du einen Fehler gemacht hast oder nicht."

4 **a)** Wenn alles *gekauft* (→ emere, emptum) ist, ist z. B. ein Regal leer. **b)** Eine antike *munitio* war ein Befestigungsbau, die dem *Schutz* (→ munire, munitio) dient; die Munition dient in gewisser Weise auch dem Schutz, denn eine Waffe ohne Munition ist nutzlos.